爆品密码

杨洋 李鲆 著

台海出版社

图书在版编目（CIP）数据

爆品密码 / 杨洋，李鲆著. — 北京：台海出版社，
2018.12

ISBN 978-7-5168-2172-5

Ⅰ. ①爆… Ⅱ. ①杨… ②李… Ⅲ. ①营销策略－基本知识 Ⅳ. ①F713.50

中国版本图书馆 CIP 数据核字(2018)第 260310 号

爆品密码

著 者：杨洋 李鲆			
责任编辑：武波 童媛媛		装帧设计：万有文化	
版式设计：万有文化		责任印制：蔡旭	
出版发行：台海出版社			
地 址：北京市东城区景山东街20号		邮政编码：100009	
电 话：010 - 64041652(发行，邮购)			
传 真：010 - 84045799(总编室)			
网 址：www.taimeng.org.cn/thcbs/default.htm			
E-m a i l：thcbs@126.com			
经 销：全国各地新华书店			
印 刷：天津盛辉印刷有限公司			
本书如有破损、缺页、装订错误，请与本社联系调换			
开 本：710mm × 1000mm 1/16			
字 数：127千字		印 张：12.25	
版 次：2018年12月第1版		印 次：2018年12月第1次印刷	
书 号：ISBN 978-7-5168-2172-5			
定 价：59.00元			

爆品就是企业最有利的竞争武器

文／李鲆

企业研发产品，就是想通过销售产品赚取利润。

将产品打造成爆品，不仅令产品的销售速度提升几倍，还能提高企业的知名度，给企业带来更多的利益。就是因为爆品有如此强大的力量，所以每个企业都想打造爆品。

可是，打造爆品不是一件容易的事，能成功的企业少之又少。所以，解决打造爆品中所遇到的问题是每个企业都在思考的核心点。

杨洋老师有六年营销策划经验，2012年进入保健品销售行业，2016年任职大健康生产企业董事长助理，2017年与保健品行业大咖投资在佛山南海建厂，成立广东百草正元健康科技有限公司，对爆品的打造有独特的见解。

因此，杨洋老师写了一本探索爆品秘密的书，就是这本《爆品密码》。

大部分企业在打造爆品的过程中都会遇到很多麻烦，例如投入大量人力物力研发产品却达不到预期效果、宣传文案得不到反馈、销售并不乐观等。

对于这些困惑，杨洋老师在书中都能为你解决。在书中，杨洋老师不仅从爆品的选择方向、爆品文案以及营销套路、打造超级IP等方面做出详细的分析，而且更有生动典型的例子让你理解如何打造爆品、减少错误的发生。

俗话说："知己知彼方能百战百胜。"不仅对竞争对手需要做到这样，打造爆品也需要。你要先对爆品有一个深入的了解，才有可能将它变成属于你的东西，从而令企业名声大噪，更加有市场竞争力。

可能有人认为，爆品之所以珍贵，就是因为打造爆品的过程非常艰辛，很难做到一举成功。但是，企业做产品也并非一夜就完成，还需要各方面的完善。爆品也是如此，文案、产品质量、品牌IP等方面就是爆品的"火药",要把火药准备充足才能"爆"得响亮以及持久。

所以,如果企业想打造爆品有更高的成功率,那么你就需要一本《爆品密码》。

微信号:276527980

资深出版人,策划出版多部畅销书,著有《畅销书浅规则》
《畅销书营销浅规则》《微商文案手册》等

目录
CONTENTS

第一章　成为爆品的重要基础

第二章　爆品文案的重要性

第三章　爆品的营销方式

爆品，推进企业前进的燃料

益杞美创始人，粥教瘦创始人　多多

收到《爆品密码》的书稿，我很快就把它读完。这本书是朋友杨洋所写，我知道她对爆品这方面有丰富的经验，自己也有一套方法，可是想不到她竟然写成了一本书。

杨洋有6年营销策划的经验，2012年进入保健品销售行业，2016年任职大健康生产企业董事长助理，2017年与保健品行业大咖投资在佛山南海建厂，成立公司。这些成就，也是很不错的。

爆品，这是很多企业都在追求的概念，这本书把爆品分

成几个部分,有一个很详细的流程,回答了爆品该如何选择目标、如何写文案、如何营销等一些困扰着企业的问题。

这本书是写给一些在努力研究如何打造爆品的企业看的。想要社会能更快地进步,把自己的经验分享给有需要的人,就是一个很好的方法。

但是,打造爆品确实不是一件容易的事,不然就不会有这么多企业都以失败收尾。正是因为打造爆品十分困难,这本书就有存在的意义。市场的竞争越来越激烈,无止境的推销自己产品的方法已经没有多大的用处,而将产品打造成爆品,就是一个很有力的竞争武器。

作者杨洋虽然年纪轻轻,可是她所拥有的经验已经足够让她成为一个爆品大咖。而她写的这本《爆品密码》并没有过多难懂的理论,都是自己的经验心得,结合着一些经典例子,呈现给有需要的企业家。相信各位企业家读完这本书,一定会在打造爆品的路上有更多启发,实现自己的"爆品"计划。

打造爆品不是盲目地投入

中国微商自媒体 晁天王

　　杨洋是一个很有学习力、有自己想法的人，正因为她这种性格，所以才有了如今的成就。她写的这本《爆品密码》让我很有感触，十分佩服她的能力，甚至已经能把自己的经历总结出一套方法。

　　她从一个无名小辈到现在成为公司董事长，当中肯定经历过不少挫折，她把每一次的挫折都转化成自己的经验，总结出一套方法。她有六年的营销策划经验，支撑着她能成为一名爆品大咖。

企业者都明白，爆品光鲜的外表背后是企业的各种努力，以及大量资金人力的投入。而且重点是，即使投入了很多心血，得到的结果并不是会是想要的结果，你所认为成功的"爆品"，在市场推出后，却成为了"败品"，这种打击并不是所有企业都能承受。

而这本《爆品密码》，就是这些失败企业的救星，杨洋把自己的经历方法记录于此，能帮助企业走出打造爆品中遇到的误区，让企业能明白自身的缺陷，并不是盲目地去纠结一个点，而是从全方面去判断这个产品是否能成为爆品。

作者杨洋能成为爆品大咖，必有她的过人之处，她所累积的经验让她拥有足够的底气，她写的这本《爆品密码》就是最好的证明。那些处于迷茫的企业，一定能在这本书中，找出属于自己光明的道路。

寻找解开爆品密码的那把金钥匙

企业总会担心自己的产品推销不出去、在市场没有足够的竞争力、企业没有名气。

打造爆品就能把这些问题都解决，这就是我写这本书的目的。

无论你的企业打算往什么方向发展，例如大健康、饮食、减肥产品等，最终的目的都是要吸引更多的顾客购买你的产品，提高企业的知名度。

这时候如果你能打造出一款爆品，那么，你的企业无论是销量还是知名度都能在很短的时间内有一个质的飞跃，这无疑是一条很诱人的捷径。

我有六年的营销策划经验，2012年进入保健品销售行业，2016年任职大健康生产企业董事长助理，2017年与保健品行业大咖在佛山南海投资建厂，成立广东百草正元健康科技有限公司。对于打造爆品，我有自己的方法和见解。

打造爆品的过程是艰辛的，我自己就深有体会，无数次的失败可能都换不来一次成功，这就是为什么众多企业都想努力地做出爆品，而往往成功的却只有一两个。因为那些经历过一次又一次失败的企业，还是没有掌握到方法，最终只能选择放弃。

我把所有的经验写成了一本书，就是为了帮助这些企业，找到自己的问题出在哪里。

《爆品密码》讲了目标人群的寻找方法、爆品文案的创作、爆品的营销、打造品牌超级IP，可以说已经覆盖了企业在打造爆品中所遇到的大多数难题。

我希望这本书能让各位企业家真正理解如何打造爆品，解决自己所面临的问题，我相信，你也可以打造成功，让你的企业发展壮大。

第一章

成为爆品的重要基础

每个创业者都想打造出爆品，不过，可能一百个人里面只有一个人做到了，其他人面临的都是不乐观的局面，有的是产品没有吸引力，有的是价格实在太昂贵，不是普通消费者能承受的，等等，而那个人的成功，缘于他找到了一条打造爆品的捷径。

一、看需求

（一）大众需求与小众需求

大众需求，就是日常用品、快销品，这些都是大部分消费者需要的。如果你想从这些商品中打造出爆品，是比较困难的，因为这些产品已经被一些知名品牌垄断了，消费者也已经在心里确认了购买的方向，他们不会贸然去尝试一个新的品牌，所以你想从这些大品牌中夺取资源，无疑是不自量力。

如果想打造爆品，选择小众需求作为定位，是一个比较好的方向。尤其是化妆品、面膜一类产品，打造爆品相对来说是较为容易的。小众需求就是针对某一类人群的产品，比如电动牙刷、懒人支架等。虽然说小众，可是仍然要跟需求量挂钩，就好比牙刷是大众都需要的产品，而电动牙刷就不一定。

这个时候就可以针对有这类需要的群体，打造电动牙刷的爆品，这样既不会跟大众的强品牌形成冲突，又可以在这些小众群体中树立地位，你成功的概率就相对比较高了。

针对小众群体，例如化妆品爱好者、面膜爱好者、想减肥的人等，这些人都有明显的特征，能够与大众的群体区分开。这些群体有特定的社交地点，有各自的社群，只要捕捉到一个，就会告知到群体中，传播速度就会很快。

上海是全国最喜欢咖啡的城市，2016年年底已经有5567家咖啡馆，比北京多出2200多家，是广州的3倍。在竞争如此大的市场里，想要开一家被人记住的咖啡馆，有一个突出的卖点是必备的成功因素，于是，有一家咖啡店搬出了一台手冲咖啡机器人。

这个咖啡店可以引起消费者和其他同行的注意，最大的卖点可能就是那台机器人。但是从消费者需求角度来说，一杯性价比高的好咖啡可能会更有价值。

瓷砖产品也一样，现代砖想要流行，就要满足当下消费者的需求，这是无可厚非的。但现代砖品牌那么多，你的品牌产品满足了消费者哪个心理需求，这是必须要考虑的，而这就是品牌差异化的切入口，有效的"小众需求"观念是通过大数据的筛选和细心的观察产生的。

过去,我们总认为那些知名大品牌是用钱打造出来的,事实证明,可能确实是这样。但在大众的市场里,每个消费者都会有小众需求,满足这类需求,也是品牌长久的捷径。

(二)弱需求与强需求

强需求在市场中是十分必要的,不能缺少的,就像人不能缺少空气一样,那么这个需求就是强需求。少了这个需求,生活和经济在某些方面就不能如期进行。例如吃饭,人们不能不吃饭,不交往,人们都是需要有人陪伴的,所以QQ和微信出现时,就被人们所使用。

弱需求在市场上是没有吸引力的,可有可无不能独立做的,做起来会很困难,需要很多强大的辅助才能维持。比如腾讯的新闻门户,如果没有强大的客户端在背后支撑,不去制作新闻窗,流量也并不会那么乐观。

爆品需要做到的,不仅仅是定位为小众需求,强需求还要抓住消费者的痛点,就例如你买一双袜子,成年人不可能穿得下儿童的尺寸,需要适合成年人的尺寸,这个尺寸就是痛点。在这个时代,车也是强需求,痛点是不可能每个人都拥有一台汽车,共享汽车就是为了解决这个痛点而出现的产品。

摊主一：

老奶奶路过一个水果摊，看到卖苹果的水果摊，就问："苹果如何？"

摊主说："我的苹果又大又甜！"

老奶奶没有说话就走开了。

摊主二：

老奶奶到了另一个，问："你的苹果味道如何？"

摊主有些慌乱："苹果早上刚到货，还没来得及品尝，不过看上去应该很甜。"

老奶奶扭头就走。

摊主三：

一旁的摊主看见老太太，问道："老太太，您想要什么种类的苹果，我这里都有。"

老奶奶："我想买酸的。"

摊主："我这种苹果口感比较酸，请问您要多少？"

老奶奶："那就先要一斤吧。"

摊主四：

老奶奶又看到一个摊主的苹果，便上前询问："你的苹果如何呢？"

摊主："我的苹果都很好，您想要什么样的苹果呢？"

老奶奶："我想要酸的。"

摊主："别人买苹果都是要又大又甜，您为什么想要酸的呢？"

老奶奶："因为我的儿媳妇怀孕了，她想吃点酸苹果。"

摊主："您对您儿媳妇真体贴，将来您儿媳妇一定给您生个乖孙子。几个月以前，附近也有两家要生孩子，也来我这买苹果，结果这两家都生了个儿子，您想要买多少呢？"

老奶奶："那我来两斤。"

老奶奶很高兴。摊主又向老奶奶推荐其他水果。

摊主："橘子也适合孕妇吃，口味酸甜，还含有多种维生素，特别有营养，您要是给您媳妇也带点橘子，她肯定喜欢！"

老奶奶："好，那就来三斤橘子。"

摊主："您人可真好，您儿媳妇遇上您这样的婆婆，肯定很幸福。"

上述例子就很好地说明了，想把产品销售出去，就要抓住顾客的痛点。

第一个摊主一直推销自己的苹果有多好，并没有探究老奶奶的需求。第二个摊主连自己都不清楚自己的苹果如何单单靠表面分析推荐。第三个摊主把老奶奶的需求是把握住了，也完成了成交，可是并没有继续探究为什么老奶奶需要酸的苹果，所以也就没有后续的生意了。

而第四个摊主，他并没有着急地推销自己的苹果，而是先询问了老奶奶的需求，然后再深入地探究为什么老奶奶需要酸的苹果。知道背后的原因后，抓住老奶奶媳妇怀孕这个"痛点"，才开始推销自己的水果，还不忘给老奶奶说好话。这样，就促成了多笔生意，而不是只有苹果。

(三)发现适合自己的小众强需求

小众之所以称为小众，是因为这个群体不容易被发现。很多消费者都不知道自己的真实需求是什么，所以如果想通过调查的方式获得灵感是比较困难的。

你要找到适合你的小众群体。当我们发现一个小众市场的时候，不可以盲目地开发推广，要先站在消费者的角度，亲自体验消费的过程，从购买到这个产品的使用以及产品的效果，从中寻找有没有哪一个点的强需求没有被满足。

在美国建国200周年庆典上，汽车大王亨利·福特及其创办的汽车公司，在一项评选"美国独立百年20件大事"的民意调查中，被评为第10件大事，与"阿波罗"飞船宇航员登上月球、原子弹爆炸成功等相提并论，为世人所瞩目。

这全是因为一件影响他一生的大事。

一天，亨利·福特随父亲坐马车去底特律。路上，马车和人拉车一辆接一辆。突然，出现了一个庞然大物，发出巨响。这是他第一次看到用蒸汽推动、在马路上行走的车子。他感到十分惊讶。

由于道路狭窄，为了让马车通过，这辆蒸汽车停了下来。福特抓紧机会，跳下马车，仔细地观察这辆蒸汽车。蒸汽车的铁制前轮很大，在履带上绕着粗铁链；前轮上方有一个大汽锅，喷发着蒸汽，由此而带动引擎；后轮很高，后面牵拉着载有水槽和煤炭的拖车，看起来就像蒸汽火车头在平地上行走。他好奇地向驾驶员请教，驾驶员很耐心地给他介绍车子的性能和操纵方法，并邀请福特去他家练习驾驶蒸汽车。从此，亲手制造"利用引擎行走的车"成了他的梦想。

　　过了一段时间，父亲去参观在费城举行的"1876 年独立百年纪念万国博览会"，回来后，向福特描述会场中机械馆的展示品。馆中央有一辆考利斯蒸汽车，车上装有高12米的蒸汽引擎，有1600匹马力。这头庞然大物在会场上不停地发出巨响，吐着蒸汽。此外，会场上还有蒸汽钻、蒸汽车床以及蒸汽整地机等机械，令观众大饱眼福。

　　听完父亲的介绍，福特觉得"机械的时代已经来临"。随着福特的成长，他对机械愈来愈痴迷，想投入到机械行业中去的欲望也就愈强烈。16岁那年，他不顾父亲的反对，离开农场，来到附近的底特律，开始了他的传奇创业故事。

　　福特能有今天的成就，不仅因为他自己有实力，更重要的是他发现了强需求的痛点在哪里，然后不断地寻找技术，从而有了后来的传奇。

二、看外观

　　每个人都很注重自己的外表，想要给别人留下一个好的印象，所以出门前都会精心地打扮自己。这是很正常的，产品也一样，特别是想打造一个爆品，就更要有一个好的外观，吸引消费者的眼球。

　　外观美的产品销量更好，这不是一个巧合。大多数人在购物的过程中，都会喜欢挑一个好看的。例如，顾客想要购买一瓶饮料，当他发现拿起的那瓶饮料外包装有点脱落或者磨烂了一角，就会重新选择一瓶完好无损的。所以卖剩下的，往往不是因为产品的质量不好，是产品的外观出现了破损。

　　所以，想要打造一款爆品，就要设计出一个独一无二的外观，先把消费者吸引过来，才有机会让他们感受到产品的质量。

2002～2004年，索尼和苹果进行了一轮电子播放器外观的较量，最终苹果赢了，一直持续到今天。索尼就此一蹶不振。当然，也有人认为这次的较量不只是苹果靠外观取胜，也有其他的外界因素。

21世纪初，随着MP3的兴起，索尼的不少竞争对手陆续推出MP3播放器，尤其是2001年11月苹果公司推出的iPod，MP3行业迅速发展起来。自iPod问世后，由于配置了体积很小但容量较大的硬盘来取代存储卡，外观也让人喜爱，这使得苹果iPod一举超越了20世纪80年代的索尼Walkman在随身听市场中的地位。

40G大容量的iPod播放器，历史上最强大处理能力的G5，史上最有颜值的产品，苹果的音乐播放器掀起了流行文化的新浪潮，iPod也因此获选为美国《时代》杂志"2003年度最酷发明"。

不甘落后的索尼公司在2004年7月推出两款Walkman系列数字音乐播放器——不仅在存储容量上超出iPod的容量，而且价位也在iPod之下。即使这样，也未能挽救索尼，三年时间疯狂成长的iPod已经远远地超越索尼。

2004年末，苹果公司的iPod已经取代索尼的随身听成为最有名的个人媒体播放器，苹果iPod销量累计达到1000

万台，仅2014年最后一个季度就贡献了500万台。

连续三年，苹果坚持颜值为王，而索尼却走起了多产品线和低价路线，没有一款产品的颜值能够与苹果iPod相媲美，在这条比拼颜值的路上，索尼被苹果拉开得越来越大。

可能有的人认为，外观不重要，只要质量好，价格低，就会有很好的销量。事实却并非如此，就像上述的例子，索尼和苹果，两个都是非常出色的公司，可是苹果公司不仅注重产品的质量，更注重产品的外观，而索尼却是追求产品的质量和价格，结果就是，苹果公司大获全胜，哪怕价格会昂贵一点。

现在是一个大众审美觉醒的社会，人们的追求越来越高，追求的产品不仅实用，更要好看。

一些人去了某家餐厅吃饭，或者购买了某个商品，就会拍下来放上自己的朋友圈，其实就是一种"炫耀"的心理，想要有人赞美自己的商品或者去的地方有吸引力。

所以，现在很多商家都抓住消费者这个痛点，不惜花费更高的成本，打造一个美观的餐厅，或者是为自己的产品设计一个精美的包装。目的就是为了吸引更多的消费者，而消费者把自己的产品放在朋友圈上或者发给朋友，就起到了宣传的作用，就会有更多的人知道，"网红"店、"网红"商品，就是这样产生的。

三、 看体验

体验，顾名思义就是自己亲身体会得到的经验，是用户在使用一个产品或系统之前、使用期间和使用之后的全部感受，包括情感、生理和心理反应等。简单来说，用户体验就是"这个东西好不好用，用起来方不方便，有没有让用户觉得很舒服"。

著名的连锁火锅店海底捞，在运营中非常注重用户体验。

在海底捞排队就是用户体验最佳的体现之一。海底捞就餐区之外开辟了100多平方米让人坐着排队，饮料就有三种，瓜果也有三种；如果你想上网，旁边至少有8台电脑给你上网；如果你带小孩，有儿童专区可以供小孩玩耍，还可以把小孩托管给工作人员；等待的时候工作人员可以给你手机进行消毒；女性还可以做美甲。网上传得比较火的一个故事是——海底捞附近的美甲店都关门了，因为大家都去海底捞免费做美甲了。

然后是就餐，海底捞不断为你提供极致服务。给你递上围裙；给你的手机套上塑料薄膜；顺便递给你一块眼镜布；水果免费端到你面前；不需要你一直寻找服务员，饮料喝到一半的时候就会自动有人为你续上；菜可以只点半份的，如果你点太多，服务员还会小声提醒你；假如得知你今天生日，会送你果盘，并且会有几个服务员围着你唱生日快乐歌，一个50多岁的大姐被海底捞的服务感动得落泪。

最后走的时候，海底捞工作人员有时候会送你一点爆米花之类的小礼物；前台工作人员会递给你免费停车的单据；电梯口工作人员按着电梯按钮礼貌地请你进去。

很多人说海底捞价格贵，味道也没有太惊艳，但是你还是想去第二次。因为他时刻都让你觉得被照顾，让你感受到极致的用户体验。

我相信很多人就算没有去过，也听过"海底捞"这个名字，这是一个非常成功的火锅店，因为它提供的服务，让消费者觉得非常满意。全方位的照顾，解决了很多在吃火锅中都会遇到的麻烦，所以消费者就会印象深刻，想要吃火锅，或者美甲，第一个想到的就是它。

爆品也是如此,吸引到消费者,能给消费者不一样的体验,留下深刻的印象,才会达到你想要的目的,才会在众多产品中脱颖而出。

消费者在没有体验到产品之前,所有对产品的了解是通过广告或朋友推荐等获得的,在经过体验后,消费者变成了使用者,对产品就有一个新的理解。消费者的体验就决定了产品的价值。

再好的广告,也没有消费者的宣传好,如果这个产品,消费者的体验是好的,他们就会告知他们的朋友,或者放在朋友圈上。这样的宣传,不仅成本低,而且效果是最好的,这就是体验带来的好处。

看价格

价格是人们决定是否购买产品的一个重要因素，人们都希望物有所值，甚至物超所值。没有人希望用昂贵的价格购买一个劣质的产品。但是价格太过便宜也不是一件好事，因为在人们心里，会觉得"便宜没好货"。

所以，最好的价格是基于产品的质量决定的。

物有所值，就是这个产品的价值和价格是相符的，俗话说的"一分价钱一分货"，而物超所值，就是这个产品的价值远远超过它的价格。人们都会对便宜的东西有兴趣，有些商铺盲目地打折促销，可能有很多人围观，可是却并没有太多人交易。

比如：

顾客走进一家服装店，看到一款合心意的衣服，摸上去感觉质量也可以，然后按照自己以往的购物经验，给这件衣服的定价是150元左右，翻出价格牌，结果发现只要98元。这就叫"物超所值"，顾客会毫不犹豫地就买下了，这就很大程度上促进了成交。

顾客走进一个服装店，店里正在进行活动，顾客发现衣服的款式虽然比较陈旧，但是质量还是可以，内心给它的定价是50元，结果翻出价格牌，要70元，打折前需要100元，顾客肯定扭头就走，因为顾客觉得不值这个价钱。

所以说，价值决定价格，价格决定了顾客是否会购买。

爆品是要"爆"的效果，所以价格一定不能太高，不能因为产品质量好就定了一个很高的价格，这样很多顾客都会因为太贵而选择放弃，这也是很多质量好的产品不能成为爆品的原因。

定价的方法：

参照物定价

以替代产品的价格作为参照物，来设定自己的产品价格是一种简单有用的定价方式。市面上绝大部分的产品都存在替代品，参考其价格作为基础，再与替代品从质量，功能等方面进行比较。如果是新型的产品，市面上还没有替代品，那么就要根据所在地区的经济水平以及其他不同类型的替代产品的价格进行参考，与这个商品比较，预估可以为消费者带来多大的利益来进行定价。

以价值为标准定价

要从消费者的角度分析，根据产品能为消费者所创造的价值或消费者认为这个产品有多少价值来定价。而不是用传统陈旧的方法，扣除产品的成本，加上利润定价或模仿竞争对手的定价方式。

从消费者角度的定价方法不仅能带来更大的利益，消费者也更乐意接受。

比如奔驰、劳斯莱斯等品牌豪车，它们的价格比成本价高很多，但如果用传统陈旧的方法定价，价格肯定比原先降低一大截，但是销售量不会因此而提升，反而会直线下降。

因为这类豪车的实际价值不是因为汽车本身的安全措施、内饰或外观设计，而是它彰显了车主的身份、地位，要是价格降低，自然失去了彰显车主身份的价值。一方面，导致比较富裕的消费者不会再选择购买；另一方面，虽然价格降低，但依然比其他品牌的经济型车价格高，普通的消费者也不会选择。

前些年，国际名牌派克钢笔就犯过这样的错误，派克钢笔以其优秀的品质，稳居高端钢笔市场，后来见低端市场火爆，为了分得一杯羹，推出了低于高端派克钢笔7倍价格的低端派克钢笔，因对低端市场不熟悉，市场运作并不理想，而一直以昂贵与高级定位在高端市场的派克笔，因其不当的降价行为损伤了其高档的品牌形象，使高端消费者不再购买派克笔，市场份额丧失了近七成。

所以，定价前要先清楚自己产品的价值。价格也是表达价值的其中一个重要环节。

消费者在购物时，经常遇到这样的情况，某个店的商品很便宜，就会有这样的反应出现："这商品这么便宜能好用吗"；"这么便宜会不会是假冒伪劣？"这些反馈都在说明产品价格没有严谨定好，不仅不会获得很好的利润，还会遭到消费者的质疑。

定价要考量各种因素

市场、竞争对手、季节变化、节日活动等各方面，也会影响产品的定价。

如一家房地产销售公司，其他地产公司的楼盘都会对其新楼盘价格产生影响。

除此之外，政府对行业的监督与调控也会影响价格的制定，还有房屋出租价格、当地经济、收入水平等，都会对价格产生一定的影响。

基本所有行业都会有这种现象,比如在平安夜销售的苹果,就会以"平安"来提高苹果的价值,销售方就可以相对提高苹果的价格,当天苹果的价格会比平时贵很多,商家多赚了钱之余,消费者也不是不可以接受。

或者说,梨、橙子等其他水果,如果价格比苹果便宜,那么也会影响到苹果的销量,价格也会因此而变化。而如果有专家报道,说苹果对健康有更多的好处等,也会对苹果价格造成影响。所以,企业要善于把握这些影响因素。

定价战略

有个别企业把产品的价格设置得偏高,与低端的市场产品进行区分,形成一种"物以稀为贵"的效应。著名汽车品牌劳斯莱斯曾经就用很高的价格来限制了使用者的数量,让产品成为少数人拥有的奢侈品,这种价格策略使产品有很高的价值感,赚到更多利润之余,还使消费者都会向往拥有这台汽车。

许多企业把产品定价定得很低,甚至是成本价,以此占据市场上的份额或者扩大份额。如家电行业中的空调科龙,这是公司的高端品牌,高端就等于价格不会低,市场中的高端份额也比较少。既要争高端市场的份额,也不能影响企业在市场的地位,便推出了两个稍微低端的品牌——华宝、康百恩。与高端品牌一同争夺市场的高低端份额。

如果企业拥有某些垄断或有特别之处的产品,可以在老产品基础上涨价推出新的产品,让消费者没有其他产品选择,只能购买新产品。价格是市场中很重要的一个营销手段,企业也要对价格有更好的定价战略。

价格的调整不能对其他产品产生影响,降价促销等对产品价格调整的行为要与其他产品有明显的区别,就如前面讲到的派克钢笔的例子。

同理,涨价也是一样的,不要让消费者觉得你的产品都变贵了。如某低端餐馆,想要给餐馆带来更高的利润,推出了几款比正常价格高的菜品,因为没有做好明显的区分,令消费者产生了这家饭店的菜都很贵的错觉。

差异定价

为了不损失一部分消费者,可以采用差异定价的方法,如贴有昂贵标签的星巴克咖啡店,为了不损失特别看重价钱的消费者,也会推出低价和特价的咖啡。家电行业多数厂家都是高、中、低端产品都具备。

手机行业也是如此,如华为手机,高端的手机款式需要五六千元,而稍微低端的款式价格仅需要一千元左右的价格。这样就可以满足每个层次的消费者需求,减少顾客的流失,当然,最重要的是不能令品牌受到不好的影响。

企业比较常用的策略——推出副品牌,如丰田汽车公司的丰田汽车是面向中、低端的消费者的,为了能抢占高端汽车市场的份额,便有了雷克萨斯的高端副品牌,且各品牌独立经营运作,彼此之间没有利益的冲突。

隐藏定价

将受欢迎的产品与销路不畅的产品或多种销路不畅的产品进行组合定价,这样可以把利润隐藏在低价产品中。

改变产品包装也可以隐藏定价,如变换成包装小的产品,价格也比较低,能让消费者对产品产生一种很划算的心理。事实上,这样的产品不仅获得的利润更高,还降低了购买门槛,令消费者更容易产生购买的欲望。也可以将产品与服务等进行组合定价,比如电器类产品推出的加一点钱可延长保修期或有其他礼品赠送等活动。

涨价降价要谨慎

企业要理清楚一个观念,降价不仅对企业品牌形象造成影响,而且产品一旦降价,就很难再把价格提上去;涨价则会让消费者减少对品牌的喜爱程度,严重点还会有抵触的现象。

但是这两种情况也并非一定会发生,很多产品成功地提高了产品的价格,让产品的价值与品牌价值得到提升,成功的降价也可以起到拉高销售量的作用,关键是要谨慎地处理好涨价和降价,减少企业品牌损失的概率。

五、 看印象

你希望顾客对你的品牌的第一印象是什么？

例如某知名美妆大品牌，大部分消费者提及它第一反应就是"神仙水"。造成的影响，就是其他各种美妆品牌几乎都往"神仙水"这一方面去思考，开发产品。

这就是这些大品牌占领国际市场的"爆品"策略，为这些大品牌风靡全球提供了很大的帮助。

所以，我们可以肯定的是，迅速占领消费者脑海的有效办法，是为他们提供一款功能齐全且惊艳，还能持续火爆的产品。

这种产品,也被称为"爆品"。爆品是指在产品营销过程中,往往会被"一抢而空",销售量和人气都超高的产品。

打造爆品需懂得这四点

(1)差异。找出自己的产品与竞争对手的不同之处,爆品就是要异于别人。

要想爆品可以打造成功,先从产品开始研究,挖掘出这款产品异于别的品牌产品的亮点,与其他品牌形成差异的同时,也形成了优势,从而抢先对手,占领顾客心中的地位,获得顾客认可。

现在美妆的市场竞争非常惨烈,要想做到脱颖而出,并不是一件容易的事。

某面膜品牌,创造了一种新型的面膜,从矿物泥入手,成为了淘宝销量第一的面膜,并为整个品牌带来超高的销售额。

如果产品只是选择跟风,没有自己的特色,那是一定不可能打造成爆品的。

(2)聚焦。把所有的力量集中到一个点上,爆品就是"聚焦"力量,一击攻破。

拳头和钉子哪个更容易打进墙壁?答案显而易见。

爆品能如此的成功，就是聚集所有精力形成了一颗尖锐的钉子，轻而易举地穿破墙壁。

所以，如果你要把某一样产品打造成爆品，那么就必须要从运营、服务、设计等各个方面入手为产品包装，从而突出这个产品的闪光点，达到"爆"的效果。

钉子虽然尖锐，可是想要迅速穿破墙壁，也跟给予其动力的锤子有关系。而企业的运营、管理行为和各种资源，就相当于那把锤子，给予爆品力量。

即使是这样，市场这面坚硬的墙仍不容小觑，再尖锐的钉子也有被折断的风险，这也是企业需要慎重考虑的问题，找到一个准确的位置，再发起进攻。

（3）质量。产品要有实在的高质量，爆品能持续发展就是因为"质量"。

如果一样产品没有实在的高质量，可能会因为价格低或其他因素造成短时期产品爆销，但无法使这款产品长期甚至永久留在市场，消费者不会一直为品牌的炒作而买单。

（4）利益。这是每个企业打造爆品的最终目的。

2012年8月，几大电商巨头的"价格战"被世人所铭记。京东、苏宁易购、国美商城，纷纷掀起"价格战"，将媒体、大众要得团团转，但里面的真相不会因为他们的"口水仗"

而淹没。

根据数据显示,价格战首日,京东热门商品销售缺货率达29.63%,而许多品牌的爆品,更是采取"活动前涨价""下单后缺货"等手段让消费者无法获得真正的实惠。

虽然京东资金充足,而且平台与品牌的手段不同。但这个价格战案例可以证明的是,不计成本的营销手法,不是市场营销当中短暂的营销策略,就是不计后果的慢性自杀。而且,某款产品成为爆品后,如果对其采取毫无考虑的折价行为,将会为品牌带来不可估量的伤害。

爆品最大的作用,是会为品牌带来忠诚的粉丝和消费者,给品牌带来不小的利润。

爆品,不仅是一款产品,更是代表了企业品牌。

打造爆品是绝大多数品牌的策略,像某品牌的化妆水,某品牌的面膜,都是单品打造成爆品后的运作典范。

就像上述所说的,将产品打造成爆品快速杀进市场并深入消费者的脑海,就像是一枚钉子。毕竟,单品更容易被记住,更容易选择,价格也不会太昂贵。

还有很重要的一点,伴随着时代发展,消费者也会发生改变,会形成一个新的市场环境,会诞生新的市场需求。企业品牌要根据这种变化去改变产品,适应这种变化,创造出新的爆品。

有一款品牌的睫毛膏号称全球每卖出两支睫毛膏，就有一支是出自这个品牌，在护肤品方面也有爆品系列。而在2009年，这个品牌又推出全新的精华肌底液产品（俗称小黑瓶），迅速扩散到全球。

第二章

爆品文案的重要性

　　好的产品需要有好文案作介绍，才会更有吸引力。这也是打广告的一种方式，很多公众号、营销号都是通过用文案的方式吸引更多消费者的注意，从而达到销售目的。当今互联网如此发达，好产品不仅仅局限于线下的宣传，线上的文案宣传也能达到出乎意料的效果。

激发消费者购买的欲望
获取消费者的信任

文案无法直接引起消费者购买产品的欲望，只能勾起原本就存在其心中的梦想或者渴望，然后将这些"梦想和渴望"引导到特定商品。

激起消费者的购买欲望，可以用五个方法达成目标，即社会认同、购买合理化、感官占领、恐惧诉求、自我实现。

如果消费者对我们仍然不信任，那一切都是无用功。所以我们需要解决消费者对我们产生不信任的问题。

消费者并不愚蠢，他们是你的亲人。若是你以为一句简单的话和几个乏味的形容词就能够打动他们买你的产品，那你就太低估他们的智商了。他们需要你给他们提供全部信息。

大多数人对广告都会产生排斥的心理，特别是伴随着朋友圈微商的兴起，人们更是在很大程度上降低了对广告的信任。

如果激发消费者购买的欲望是从感性的角度入手的话，那么获取消费者的信任，就需要在文案中给消费者一个理性的证据。

引用实验结果，权威机构认证，亲身测试等等是常用的方法。以下是关于权威、事实证明、化解顾虑、消费者反馈这四个方法的介绍：

利用"权威"，引发连锁反应

一是塑造权威的高地位形象，在行业有至高的话语权，所有人都希望得到他的认可。二是阐述权威的高标准，普通人都无法达到。

一位青年历经奋斗，终于进入一家世界500强公司，并获得中国区总监职位。40岁时，他辞掉百万年薪，选择创业，专注研发植物洗发水。

没有了大公司的光环，他就只是一名创业新手，没有名气，一小瓶洗发水售价近100元，比超市常见的品牌还要贵一倍不止。他需要如何策划文案，才能让消费者接受？

他数次拜访全球顶尖的研究所——日本科玛大阪柏原研究院。许多知名护肤品大品牌如资生堂、雅诗兰黛、兰蔻，其配方都诞生于这家研究所。

与科玛合作，意味着要承受比普通公司贵好几倍的研发费用。所以，在他面前有两条路：

第一，用普通配方，省下的资金用来做营销、打广告，希望有运气一炮走红；第二，将大部分资金投入产品研发，下一步再考虑营销产品。

他们决定选择后者。并且要求科玛用最好的配方，还提出了一个很高的要求，植物来源成分要占到50%以上，因为不希望做一款"假的"植物洗发水。

消费者可能并不了解日本研究院的背景，但是看到它的合作伙伴都是知名美妆大品牌时，立刻就会感受到它的权威和专业，就会默认这款洗发水品质也是大品牌，可能这还不足以让消费者心动。但是，文案中又提到"高要求"，加大了产品的品质感，让读者觉得产品值这个钱，愿意尝试购买。

这就是权威的震慑力，例子中的青年，如果为了节约配方的成本，而选择靠运气，希望"一炮而红"，那么，这款洗发水已经不具备成为爆品的实力，再好的文案也挽救不了。

用事实来证明

如果你的产品有着别人不具备的优势,用事实来证明你产品的优势点,获取消费者的信任是一个好的方法,俗话说"实践是检验真理的唯一标准",实践得到的结论是最有利的证据。

一名丝袜销售经理,为了向消费者展示丝袜质量,他把八岁儿子装进丝袜里面,然后再把丝袜提起来,丝袜完好无损。这个视频一下子被传播出去,得到了非常好的反馈。因此,他的丝袜销量翻了好几倍。

视频的视觉冲击,就给消费者反映了一个事实,丝袜的质量好得能装进一个小孩子,过后还完好无损,自然而然地,就会有消费者购买。

20世纪60年代,劳斯莱斯推出新车银云,请了奥格威先生来撰写广告文案,这辆车的一大优点是隔音效果好,驾驶时非常安静。

要是写"宁静无声、尊贵享受"可能实际冲击力不够,但是奥格威写了一句让他人生中都引以为傲的文案:

这辆劳斯莱斯时速达到96公里时,车内最大的噪音来自电子钟。

车内有多安静,已经不言而喻了。这则广告只在两家杂志报纸刊登,花费2.5万美元,却引起了无数消费者的注意,销量可想而知。

还有小米体重秤"喝杯水都可感知的精准"也是利用事实证明来赢得消费者信任的一个好案例。

在意自己体重的人最大的烦恼就是担心家里的体重秤测量不够准确,对于减肥的人来说,更是如此,最好能多精确就多精确,当一款秤可以比市面上大多体重秤都精确,甚至能做到喝杯水都能感知,必然会激起消费者购买的欲望。

消费者的反馈

消费者的反馈也是有力的证据。

消费者会根据电影的评分,以及已经观影的人的评论决定是否选择观看这场电影;消费者在网上购物时,会查看关于这件商品其他消费者的评论,再决定是否购买。

所以,其他消费者的选择会对消费者的决定产生一定的影响。收集消费者的反馈不难,难的是,挑选的反馈必须要正中消费者的核心需求。

很多时候我们帮助消费者写反馈,写的时候没有转换好角色,硬生生把反馈写成了硬广。市场上很多消费者的反馈文案都是"我以前有某某烦恼,自从用了这款产品,问题解决了,我觉得生活变得更美好了"。

类似朋友圈的微商，只看开头第一句，你就可以发现这是广告。

优秀的反馈文案，是由破解焦虑、树立幸福榜样、激发对未来向往的憧憬组成的。

比如：

奥斯汀轿车："我用驾驶奥斯汀轿车省下的钱，送儿子到格罗顿学校念书。"

可能这个标题看起来有点过于夸张，但是我们可以细想当中的内容。

文案的前半段是说一个外交官最近换了一辆奥斯汀车，他们家因为经常需要用车，买完车后他的妻子非常赞成他的决定，好几次说："如果还用过去那辆破车，我可对付不了。"

一次晚饭的时候，他琢磨出"我用驾驶奥斯汀轿车省下的钱，送儿子到格罗顿学校念书"这一文案，而且他还仔细地算了一笔账：

"您现在只要花1795美元（包括250美元的额外配件）就能买到新款的奥斯汀默塞特豪华车，非常合算的。"

英国的汽油价钱是每加仑60美分，因此我们要研制出更省油的车，新款奥斯汀车每加仑油可以跑30英里，如果开得慢一点更省油。

"油箱里可以加10加仑的油,能行驶350公里——从纽约出发不用加油可以开到弗吉尼亚州的里士满。"

"就我们的估算,奥斯汀实际上能使您的总费用下降近50%……"

虽然奥斯汀这个品牌已经消失了,但当时奥格威这篇广告取得了很大的反响,甚至惊动了《时代》周刊和格罗顿学校校长。

奥格威的反馈文案,厉害在于他能洞察消费者的心理。他没有一味去介绍汽车的性能如何出众,而是从生活上的节俭、孩子教育这个角度出发,非常符合一个有家庭的男人的心理状态。

编写消费者反馈的时候,一定要从消费者的角度着手,多效仿消费者说话的语境,不同的消费者,说话的方式不同,用词习惯也不同。另外,不一定只写正面的反馈,还可以巧妙地写一些负面评价,可信的程度就会大大增加。

不妨再举一个关于消费者反馈的例子:

从2015年开始,我们在街头就可以看到一幅幅富有艺术感的图片,而底下会有一行字"Shot on iPhone(使用iPhone拍摄)"。

这些作品并非苹果公司雇人拍摄的，而是从苹果用户在网上张贴的几十万张照片中筛选所得。

当我们在户外看到这些广告，不得不感慨苹果拍摄功能的强大，这不仅是苹果玩的漂亮的UGC（用户生产内容），也是一个个顾客的证言，没什么比这个更好了。

苹果的这项"用iPhone 6拍摄"全球照片画廊广告项目还获得了2016年五星金狮奖及户外类别的最高奖项。

化解顾虑

就算消费者已经对你的产品非常动心，但是在完成最后购买时，消费者还是会担心三类问题。

产品：产品收到后不满意能否退货，产品出现故障是否有保修。

服务：商家是否承担运费，是否有运费险，是否送货上门等。

隐私：购买一些隐私产品时，送货过程会不会被泄露。

有一篇大众甲壳虫汽车的文案，也是将化解客户顾虑这一点写得淋漓尽致。大家感受下。

这辆甲壳虫没通过测试。

仪器板上杂物箱的镀铬装饰板有轻微损伤，这是一定要更换的。或许你根本不会注意到这些细微之处，但是检查员科特克朗诺一定会。

我们在沃尔夫斯堡的工厂中有3389名工作人员，他们唯一的任务就是：在生产过程中的每一阶段检验甲壳虫（我们每天生产3000辆甲壳虫，而检查员比生产的车还要多）。大众汽车常因肉眼所看不出的表面擦痕而被淘汰。

最后的检查更是苛刻到了极点！大众的检查员们把每辆车像流水一样送上检查台，接受189处检验，再冲向自动刹车点，在这一过程中，被淘汰率是2%，50辆车总有1辆被淘汰！

对一切细节如此全神贯注的结果是，大众车比其他车子耐用，却不需要太多保养（这也意味着大众车比其他车更保值）。

标题要突出，有吸引力

新闻评论的标题

新闻评论的标题是由实时性词语、新闻主人公、重大新闻惯用词组成。

相较于广告，人们更愿意看新闻。新闻因其具有权威性、及时性和趣味性，更能吸引人。所以，带有新闻性质的标题也更能引起读者关注。

写出含有新闻感的标题，需要注意三点。

第一，突出新闻"主人公"。简单来说就是，标题中可以想办法"蹭热度"，借用"明星地区"，比如好莱坞、硅谷，又或者知名企业，比如苹果、星巴克、Facebook、阿里巴巴等，以及"明星人物"，比如巴菲特、马云、马化腾等，把文案内容与这些新闻焦点串联起来。

第二，加入实时性词语。标题中添加"2018年""元旦""这个夏天""本周"等词语，因为人们对最新发生的事情会特别关注。

第三，加入重大新闻惯用词。比如"新款""最新一期""曝光""首发""新突破""新发现""最新成果"等，标题中添加这些词语，会让读者迅速产生一种"有大事发生"的兴奋感和期待感。

好友聊天形式的标题

忘掉"作者""读者"这些特定身份，把读者想象成我们的朋友、兄弟、闺蜜，你正在和他聊天，滔滔不绝，把你的热情和友好传递给读者，继而降低读者对你的防备心，获取他们的信任。

具体的方式有三点。

第一，运用"你"这个字眼。

人们最关心的往往是他自己。标题中加入"你"，让读者瞬间产生一种这篇文章与我相关的心理暗示，引导读者进一步阅读。

第二，把文案中书面语的话术改为口语。

口语化的表达，能快速拉近你和读者的距离。回想一下，我们与朋友聊天交谈时，是如何进行的。

第三，添加感叹词。

激情具有传染性，感叹词能让读者被你的激情所感染。

实用的解决方法的标题

每个人都有迷茫、困惑、焦虑的时候，也有自己在意或敏感的问题。直接指出读者的问题，命中读者的痛点，让读者情不自禁地"对号入座"，引发"我就是这类人"的共鸣，就能吸引到读者的注意。紧接着给出解决的方法，瞬间就能激起读者的好奇心。

设立实用解决方法的标题，需要注意两点。

第一，写出读者烦恼的点，就是所说的痛点，越详细越好。比如，不要只写"应变能力差"，应该详细到"一到关键时候就紧张"，不要只写"精神不好"，应该详细到"熬夜多、睡眠质量差"等。

第二，给出解决的方法。给读者详细描绘解决问题后的美妙效果，或者告诉读者你有解决的方法，引起读者的好奇心。

故事性标题

人们天生就比较喜爱听故事,比如小孩睡前都喜欢父母的"睡前故事"。如果标题一开始就含有故事的性质,就很大可能会吸引读者的眼球。

设立一个故事性的标题,需注意两点。

第一,刻画一个糟糕的开局。故事开头的情节越糟糕、主角的起点越低、所处环境越差越好。

第二,呈现一个圆满结局。故事结尾的情节越圆满,主角的结局越美好,越成功越好。

反差型标题

反差型标题主要有这几种:学历与职业之间形成反差;年龄反差;境遇反差;效果反差等等。通过制造反差让读者产生一系列疑问的效果,疑问推动着读者点击标题,在内容中逐渐为读者解忧排难。这是反差可以达到的效果。

三、 让爆品文案更快速地传播

什么是"病毒式营销",很多人听到这个概念时都会充满疑问,甚至带有恐惧,潜意识里觉得会与"细菌""病毒"有关联。

官方解释是病毒性营销又称基因营销或核爆式营销等,是利用公众的积极性和人际关系网络,让营销信息像病毒一样快速传播和扩散。

营销信息被快速复制传播到数以万计、数以百万计的群众,它能够像病毒一样"侵入"人脑,广泛传播,将信息在较短的时间内传向更多的人。病毒营销是一种常见的网络营销方法,常用于网站推广、品牌推广等。

简单来说,病毒式营销就是能够以很快的速度借力传播,从而为营销效果提供服务,实现快速、高效、低成本的营销。实现病毒式营销,需要注意以下的五个步骤。

(一)找到发源地

俗话说:"有因必有果",任何事情的发生一定要找到发源地,才能真正弄明白背后的真相。

以下三点总结了如何找到发源地。

关注力度要强

要想实现读者自发地复制传播,一定是和读者的利益有关系,并且是读者重点关注的话题。比如网上一篇关于微信提现收费的文章《马化腾大战马云,微信提现收费最大败笔!》,这篇文章当时在今日头条一个晚上阅读量超过100万,并且被搜狐、网易、新浪等众多媒体转发,同时形成了病毒式传播。

关注人群基数庞大

人群基数庞大,病毒式传播才有力量,比如,上面的文章主题就是基于使用微信的8亿用户,这个人群基数足够庞大,这是构成病毒式传播的重要条件之一。

读者急需解决的问题

读者的痛点必须尽快地得到解决，不然的话就会耗费很大的精力、财力。

微信提现收取手续费，表面上收取的手续费用不多，但是对很多经常使用微信转账的人来说，这就是一笔不小的额外支出。

读者着急想知道腾讯公司会不会做出调整，希望这个话题引起重视，所以就会引发读者的讨论。

(二)编写具体内容

第一步是关于如何定位病毒式营销，只有找准了定位，找到人群的痛点，才能编写具体内容，制造话题。有了读者关心的话题之后，才能更有效地引发读者的参与，最后实现话题的扩散。

编写营销的具体内容，要注意三点。

根据痛点编写

好的内容一定是为解决读者的痛点而服务的，要多去发掘各大行业的痛点，因为有了痛点，就可以制造病毒式营销，从而带来利润。

借助互联网的力量

移动互联网之所以被人称为传奇，就是因为通过借助互联网，我们的力量能够无限放大。

转换不同的形式

编写出来的内容要转换成不同的形式，变成专业的视频、语音、图片、海报、段子等。这些都是武器，都隐藏着强大的力量，在关键时候能发挥奇效。

(三)病毒式传播

根据精准的读者定位，编写出优质内容，紧接着就是快速传播。微信之所以能够快速传播，是因为它能将互不相识的人通过共同好友连接起来，这是信息传播的渠道。

寻找传播的群体

寻找喜欢看这类内容的读者，比如上述讲到的微信提现收费，这类话题与微信的用户有切身关系，因此要找到提现收费对他们产生直接利益关系的人群。如此，才有可能实现快速传播。

权威人士的参与

在传播的过程中，很重要的一点是找到权威人士，或者行业的领袖参与传播。

美国有一位做在线教育的专家萨尔曼·可汗，他因为在互联网上录制了众多教学视频而成名，当然最重要一点是世界首富比尔·盖茨推荐了他。

比尔·盖茨因为教女儿数学而苦恼，最后听人说有一个叫萨尔曼·可汗的人录制的视频很好，于是他去学习了，最后他成了可汗的粉丝，还给他投资了500万美金。萨尔曼·可汗还因此上了福布斯杂志的封面。

所以，权威人士的参与极为重要，在传播过程中一定要想办法动用权威人士的力量。

利益是"催化剂"

读者在传播一个话题文案时，一定是被背后利益所驱使的。比如，娱乐视频的热传，是因为它确实给人带来快乐，又或者是一篇感人肺腑的励志故事，它很大程度上激发了人们的斗志。

你只要用心对待你的读者、消费者，他们一定会加倍回馈于你。再比如某位作家写了一篇实用性文案，让读者有所启发，对读者的生活带来极大帮助，他也会传播出去，而且是自愿性的传播。

（四）流量变现

通过病毒式传播，一定能找到大量的读者数据，从而找到最终成交的群体。也就是通过读者数据，实现最后的流量变现。这里也有三个需要注意的细节。

获取庞大的数据

比如你曾经做了一个活动，累积了几百万的粉丝，然后把这些粉丝引流到自己的微信或者是一个群，这就是个很庞大的数据。

精准细分

这些添加的读者都是比较广泛的人群，需要再次细分。可以通过群发消息互动，把这些人群再次做一个细分。根据他们的需求、行业特征等，做一次简单的分组。

精准的用户变现

当然，收获到粉丝的最终目的是成交，比如对健康类的文章感兴趣，一定是有这个方面的需求。要么，这类读者平常比较注重健康，要么，这类读者是这个行业的从业人员。

通过与这类人群再次进行沟通交流，促进产品的成交。

(五)自我总结

每编写完一份营销文案，都要做一次自我总结和回顾，找出成功的点和失败的点。

对于目标达成的分析

对这次营销效果做总结，失败的地方在哪，造成失败的原因，成功的地方在哪，怎样的方法会取得成功，等等。

读者数据分析

对读者的数据做详细分析，根据阅读量、转发量、咨询量、成交量等，做一个详细的数据统计，方便以后做比较。

营销模型的建立

根据营销得到数据，建立一个详细的营销模型，改善营销策略和方法。

　　你看到的每一次事件营销,都会有感性的一面,可是背后都会有理性的数据支撑着,只有做出专业的分析,才有可能借助人们感性的一面,通过病毒式营销,为公司的发展提供帮助。

**四、八个步骤教你写出
高质量、吸引眼球的爆品文案**

(一)文案标题的设立

不谈及内容的问题,先从标题下手。文案首先展示给读者看的就是标题,如果设立的标题无法一瞬间抓住读者的眼球,就有可能让读者失去继续阅读下去的兴趣,文案内容再好,也并没有发挥出作用。

所以,在编写产品文案时,必须设立一个非常吸引读者眼球的标题,设立标题有以下几个常用的方法:

制造危机感

当人们察觉到危机时就会想办法脱离这个局面,例如这个标题,"你知道吗?洗衣机比马桶脏64倍,也许你正在使用这样的洗衣机……"会让读者产生一种恐慌,自己家中的洗衣机或者马桶是否存在这样的情况,从而选择阅读你的文案。

关于切身利益

人们都想要拥有能让自己愉快的事物,就如这个标题"凡符合××条件,免费领取一套化妆品"读者就会产生一种想要拥有的心理,想要在你的文案中找到他们的答案。

(二)善用人的好奇心

俗话说"好奇害死猫"。好奇是人类的本能,不过,懒惰同样是人类的天性。如果你希望你的读者会认真地阅读完你的文章,你就必须引起他的好奇心,在具体内容前,你就必须最大限度地放大他好奇的内容,只有这样他才能对你的文章继续保持热情。

如果读者打开你的文章只看了一段就关闭,你是没有任何营销机会的。所以,你必须要先引导用户,让他有继续的兴趣,文章前面的部分不需要推销产品,关键是留住读者,读者留住了,后面自然就有推销的机会。

(三)利用第三方的反馈

只要读者对你的文章感兴趣,他喜欢并认真阅读了你开头部分的内容,那么自然就会继续阅读接下来的部分。

但是你要记住,你和读者之间是没有任何关系的,读者对你是不信任的,信任营销是最好的营销手段,所以你在营销前一定要先让读者对你产生一定的信任。

让一个陌生人立刻对你产生信任最好的方式就是第三方的反馈,第三方对你的评价,特别是他身边朋友的评价和反馈,读者需要安全感,他担心自己的判断是错误的,他需要有参考的建议,那么,你就可以利用这一点,提前解决他内心的不安,从而让他信赖你。

(四)产品价值的包装

消费者购买的是这个产品的价值,而不是产品本身,所以你必须直观地告诉你的读者产品价值有哪些,明确地告诉他,你的产品能给他带来什么好处,什么时候可以运用到,如何使用它能发挥价值最大化。

甚至你可以告诉读者产品背后的故事,产品是如何出现的,为什么推出这样的产品,产品的工序是如何进行的,为消费者投入了多少心血和资本,等等。

(五)内容介绍

内容介绍是关于产品的全面介绍,不同角度的介绍,让读者充分了解产品的优势、特点以及运用的方法。内容里你可以加入专家的点评、证明文件以及送货、价格、付款等信息。你需要把产品分解成多个利益点,然后用读者习惯的语言去阐述,最重要的是结果,每一段都给他一个结果。

(六)以最简单的方式呼吁行动

如果读者没有购买的行动,你的文案就等于在做无用功。你让读者采取的行动要简单、具体、明确。你不能让他需要通过很多的努力,才能够购买到你的产品。你这样做的结果,就是在打消读者想要交易的念头。

你必须给他一个立刻行动的理由,人们已经养成了拖延的习惯,也容易犹豫。那么就以明确、积极主动的文字,呼吁读者采取行动,购买产品、填写在线表格或者打电话,推动读者完成你事先计划好的下一步行动。

(七)作出零风险承诺

零风险承诺可以在任何交易中消除消费者的风险,当你消除了消费者的风险,你也消除了消费者交易的主要障碍,这个策略中,你必须要做的就是承担你和消费者之间的所有风险。

让他们知道,如果他们对产品不满意,你就直接作退钱处理,或者免费重做,直到他们满意为止。

如果顾客跟你说:"你的商品我非常感兴趣,但我还是担心,因为我以前用这样的方式购买过很多商品,结果都是不尽如人意。如果这一次也像以往一样,收到产品之后和你所介绍的不相符,不能让我满意,那我该如何是好?"

你可以这样回复顾客:"如果你收到产品后,和我所介绍的不相符,对产品不满意,你有权利要求我们全额退款,我们会立刻把你支付的所有款项全部退还给你,并且不会问你任何相关的问题。"

(八)站在读者的角度

　　尽管你的文案已经编写得十分详细,但仍然会漏掉一些读者比较关心的问题,你需要站在读者的角度去思考,提前把思考得到的问题在文案中解答,比如送货问题、质量问题、退货问题、安全问题、使用问题等,你考虑得越周详,读者对你的文案就会更加地信任以及满意。

第三章

爆品的营销方式

　　在开始营销工作之前,你必须要把自己
的产品了解清楚,要了解的内容有:产品名
称,产品内容,使用方法,产品特征,售后服
务,交货期,交货方式,价格及付款方式,生
产材料和生产过程,也要了解一下同行以及
相关的产品。

一、制造社会热点

营销最困难的一件事，就是永远不知道下一个热点是什么，当今消费者的口味越来越挑剔，大大增加了创意难度。

还有一点，现在互联网的信息太多，成为热点也变得更加困难，需要花费的营销费用越来越高，低成本"爆红"已经是一个不可能完成的任务。

其实，"爆红"的热点都有一个共同点，那就是通过制造"意外"，引起媒体报道、社交平台分享以及人与人之间的传播，从而"爆红"。在营销过程中，制造意外，变成热点，会大大提高营销的质量。

将制造的意外转换成传播发源地，引起媒体的报道、消费者在社交平台分享以及人际传播，形成"病毒式扩散"，实现让用户记住的营销效果。

比如：

2012年8月，联想要推出全球首款5寸四核智能手机联想K860。这款手机的上市时间跟小米2代手机发布时间几乎一样，但这款手机基本没有做任何预热，所以外界不太知道有这一款手机，而当时小米2代特别火。公司的营销需求很简单，必须从小米2代手中抢得关注，而且确确实实产生销量。

当时整个互联网营销团队就通过创造一个意外，靠一条手机短信，让联想K860一举爆红，并成就了1分钟卖1万台的传奇。

在小米2代发布会那天，价格一公布，IT界的数百名编辑记者以及数码发烧友都收到了这样一条意外短信："各位媒体朋友，联想将于明日发布全球首款五寸四核智能手机，请相信#明天会更好#。"

收到这条意外的短信，很多编辑、记者以及爱好手机的人群，直接把这条信息发到各自的微博上，这条意外短信一下子就在微博上"爆红"，而且还快速地"占领"了其他网络渠道。

众多媒体在报道小米手机2代发布的同时，还重点处理这一条意外短信的新闻，标题基本都为"小米2代发布遭联想手机围堵""火拼小米2""联想发难将发布全球首款五寸四核智能手机"。

联想 K860 随后也成了 2012 年京东智能手机年度销量冠军，并且在开售后的第一个月内，就售出 24.5 万台。按照行业的平均利润，完完全全实现了一条短信赚 1 亿元的成绩。

在这条短信里面，有一个关键的信息点，就是"明天会更好"。目的很明显，这是希望人们记住这个关键点，让人们关注二天联想将要发布的这部"全球首款五寸四核智能手机"。

次日，联想在众人的期待中发布了这款手机——联想K860，多家媒体网站头条都是用来报道联想 K860 发布的消息，个别网站更是在首页的头部中横跨整个网页的区域进行专题报道。

联想 K860 用了很少的时间，就赢得了人们最大程度的关注，挤下当时大热的 iPhone5 与小米手机 2 代，在百度手机排行榜占领头名的位置，这是联想手机第一次领头这一排行榜。

事情还没有结束，随后，为了应对小米的"饥饿营销"方式，联想发起了"别等期货，抢鲜四核"的口号，针对小米手机 2 代只有 4.3 英寸的屏幕，喊出"五英寸四核绝配"。

每一个策略都针对小米手机2代，更有媒体发布"打住小米七寸的竟是联想"的评论文章。8月28日凌晨零点，联想K860在京东首发开售，创造了1分钟销售1万台的行业奇迹。

上述的例子，尽管最后有营销策略的设计，但所有一切的发源地，就是那条"明天会更好"的意外短信，引起人们对联想K860这款手机的关注，成就了1分钟卖1万台的行业销量传奇。

(一)制造意外，聚焦发源地，突出记忆点

通过上述例子，我们可以分析出，联想是怎么做到超越小米，成为榜首的。

制造意外：小米手机2代发布时，手机数码圈内百名编辑记者以及爱好者收到"意外短信"。这个就是一个意外，一下子就引起了各方面的关注，新闻媒体争先恐后地报道，人们在社交软件上分享，手机讨论圈里面都是在谈论这个事件。

聚焦发源地：可以观察到，这件事虽然有众多媒体以及社交软件分享、传播，但其核心发源地就是这条"意外短

信"，媒体的报道和人们通过社交软件进行分享，都是建立在这条短信的基础上的。短信的内容或者截屏图片，都是由这一核心发源地所开展的。

突出记忆点：在这条短信中，有一个关键点——"明天会更好"，这是一个突出的记忆点。人们通过这条短信，记住了"明天会更好"这个突出的记忆点。于是，人们都会好奇第二天联想发布的 K860 到底是一款怎样的手机，在脑海里有一个深刻的印象。

营销的目的就是引起关注，让消费者记住你的品牌、产品或者服务等，从而让你的产品成为爆品。可是人们每天接收到的信息量特别大。在制造的一个热点事件中有很多信息，人们完全记住的可能性并不大。

所以，你需要让人们记住一个关键的信息，让人们留下深刻的印象，最终形成一个清晰的记忆。

(二)容易被人们记住的六大关键点

(1)用最简单的方式表达主题。

(2)说具体的事情，而不是抽象描述。

(3)内容超出人的预想,要达到惊艳的效果。

(4)内容要取得人的信任。

(5)内容里面有感情,能引起共鸣。

(6)内容要有故事性,人人都爱听故事。

所谓记忆点,就是希望人们能通过某件事记住产品,因此,我们在制造记忆点的时候,尽可能地结合这六个关键点。

不过,能够完全符合这六个关键点的热点还是很少的。就拿上述"联想的意外短信"来说,"明天会更好"这个记忆点,在故事和情感上,就没有太多的元素,但因为符合另外四个关键点,所以依然很容易记忆。

只要一提到"敬业福"三个字,人们几乎立马就会想到,当初那些为了得到这个福卡所折腾的日子。支付宝"集齐五福,平分两亿现金"的活动,无疑是平地一声雷,立马在人群中炸开了锅 。

一夜之间,感觉十几年没见的朋友都来了,开口第一句话就是"你有敬业福吗?我跟你换!"可最后来看,支付宝着着实实玩了全民一把,不管你有没有赚到,反正支付宝是赚足了眼球和关注度。

随着一句"猴赛雷",百事可乐打响了猴年营销战役的第一枪！以用户情感为纽带，请来了80后、90后的童年偶像六小龄童来拍摄微电影《把爱带回家之猴王世家》，影片一推出，便反响热烈。随着"六小龄童节目被毙"话题的持续升温，百事微电影更是吸引了众多网友的目光，它的热搜指数也达到了最高峰值。

上述的例子也是非常经典的热点事件，支付宝的"敬业福"和百事的"猴赛雷"，都是制造了容易被人们记住的记忆点，从而达到了营销的目的。

将营销广告渗透进日常生活

在广告的创意与设计中必须以目标受众的实际为核心，引导消费者往广告主所希望的方向上联想，只有这样，广告才能产生该有的效果，把广告的元素渗透进消费者的日常生活中，让消费者产生"深有体会"的心理，达到营销广告的目的。

具体的方法可以参考心理学上四个联想定律来策划营销广告：

接近律

在时间或者空间上接近的事物容易引起联想。营销广告运用此联想律既要做到意外的效果，也要符合情理，否则就会让消费者觉得无趣、乏味。要通过日常生活中的偶然事件来突出产品的优势点。

比如：

酒吧台前一男子发现不远处的一个美貌小姐在盯着他看，他立刻优雅暧昧地向她微笑。当女子走过来时，男子刚想上去搭讪，女子却不理他，而是拿走台上的一瓶啤酒。

广告的结果出乎意料，可是也符合情理。这个广告故意用日常生活中经常会发生的事件来误导消费者的正常思路，突出了产品吸引人的特点。

对比率

指在性质或特点上相反的事物容易引起联想。广告的设计运用夸张的方式来表达日常生活中的现象，形成一种反差对比，让消费者情不自禁地联想到产品的特征。

就像人们比较熟悉的一则雪碧广告：

一个闷热的会议室里，大家都被热得无精打采或者心烦气躁，西装领带全都湿透了，只有一个人神清气爽，身体还冒着寒气，是因为他喝了雪碧。这样一对比，雪碧"透心凉"的特征就自然出现在了受众的脑海中。

在这则广告中，同样是身处会议，员工却有两种不一样的状态，这就形成了反差对比，能引导消费者感受到产品冰凉的特性。

类似律

指在外形和内涵上相似的事物容易引起联想。

耐克一则宣传正品衣服的平面广告"哭的比笑的好"，根据耐克的标志来告诉消费者怎么辨别真伪。但是该广告没有考虑到大众的理解水平，很多人都看不懂什么意思，这样的宣传效果就非常低。

因果律

在逻辑上有因果关系的事物容易引起联想。产品在广告中可以作为"因果"推出来。

王老吉的广告语"怕上火，就喝王老吉"，应用的就是联想的因果律。喝王老吉的理由是什么，因为怕上火，或者要吃容易上火的食物，自然而然就会想到王老吉。这则广告中的因果关系虽然简单，却能戳中消费者的痛点。王老吉从一个地方品牌到现在年销售过100亿，这句广告起了关键的作用。

（二）融入情感元素

人都会有欲望，广告通过情感方式宣传是最容易引起消费者感情共鸣的,能达到说服消费者的目的。通过融入情感的广告方式将宣传的品牌和某种生活方式结合,这种结合会引起消费者的联想:只要你拥有这个产品,你就可以成为这类人,就能成为这个阶层的人,过着让人羡慕的生活。在这类广告中,产品本身的用处是次要的,产品带来的生活方式才是广告的重点。

一天傍晚,一对老夫妇正在进餐,这时电话铃声响起,老太太去另一间房接电话,回到餐桌后,老先生问他:"是谁来的电话?"老太太回答:"是女儿打来的。"老先生又问:"有什么事吗?"老太太说:"没有。"老先生惊讶地问:"没事?几十里地打来电话?"老太太呜咽道:"她说她爱我们!"两位老人相对无言,激动不已。

这时,旁白道出:"用电话传递你的爱吧!"这是美国贝尔公司一则经典的亲情广告。广告只是一个很平常的生活场景,女儿给父母打电话,妙就妙在她向她父母传达了一种情感,她爱她的父母,一般我们都是有事情才会打电话,所以老先生才会惊讶女儿没事打什么电话,等到老太太告诉他之后,他们都被这种深深的爱感动着,他们自己又何尝不爱女儿呢?只是从来没有想到过这样表达出来,所以贝尔电话告诉我们用电话来传递爱。

整个广告给人的感觉就是很安宁、很和谐的一个生活场景,却带给人澎湃的关于爱的思潮。

一对恩爱的夫妻执手走过七年风雨，有一晚临睡前，妻子问丈夫："我们会不会一起死去，就像我们在同一时间结婚？"看着妻子迷蒙的目光，丈夫搂紧了妻子，含着笑深情地说："你要先去天堂好好等着我，这样，你就不会看到死去的我了……"妻子闻言，搂紧丈夫，哭了。

这是英国宝诚人寿企业形象广告"诚心诚意，从听开始"篇。夫妻间至死不渝的爱情感人至深。同样是一个很平常的场景，夫妻间很平常的对话，跟企业形象结合起来，就能使人们对企业产生好感，使人们在情感上产生共鸣。

"我的地盘，听我的"是中国移动 M-ZONE 的广告，这是一个体现生活态度的广告。动感地带是针对时尚年轻人的一款通信产品，它除了简单的通信功能外，还设计了很多年轻人喜欢的新奇、好玩的附加产品，像彩铃、彩信、GPRS 网络、游戏等，而它的广告"我的地盘，听我的"将年轻人那种张扬的个性显露无遗，因此很快就获得了年轻人的普遍喜爱。

融入情感的广告一定要表达出生活美好，美好是指消费者的欲望和梦想，引导消费者对美好的追求。不管男女老少，都可以激发他们的欲望，这就是融入情感元素的广告能做到的事情。

三、锁定营销的目标群体

很多时候,销售人员在销售的过程中,从来没有认真地锁定目标客户。

他们只是单纯地认为,那些认可自己产品的消费者,就是目标客户。那些有一定需求的消费者,就是目标客户。

到底哪些才是真正的目标客户?脑海里有没有一个清晰的目标?

成交,其实并不难,只要你找准了人。找准人的前提是:你清晰地锁定了这个人,或者这个群体。

营销的过程,就类似于征婚的过程,征婚时,你会在征婚中列出你对理想伴侣的一些标准。同样的，营销过程中，你可以尝试地去列出符合你产品的"理想顾客"的标准。

一个销售人员最重要的能力是什么？

那就是看清楚哪些人才是真正的目标顾客。

所谓目标客户，是指销售人员根据产品的性质和特点而锁定的顾客群体。在销售的过程中，正确地找到了你的目标顾客，你就可以更快地达到销售业绩的目标。

目标顾客通常都具备以下几个特征：

（1）对你所销售的产品的某一特点有强烈需求，而这一需求恰恰是目前市场上其他同种类型产品所不能提供的。

（2）拥有一定数目及支付的能力，特别是具有发展的潜能。

（3）在时间与空间上符合条件。

（4）适合销售人员达成对于服务的要求。

如何定位你的目标顾客？

（一）从需求出发，定位你的目标顾客

需求是顾客购买的初始动机。这里会产生一种误区，销售人员经常把需求与产品的卖点混淆。销售人员经常觉得那些肯定自己产品的顾客，就是他们的目标顾客。

你口渴了，想买一瓶矿泉水，这是你的需求。

康师傅推出纯净水，主打营养矿物质的价值，这是产品的卖点。

卖点是产品的重要元素。但是你的产品是否满足客户的需求，这一点更重要。

如果没有人口渴，再好的矿物质水，都是没有作用的。因为，顾客认可矿物质水有营养，但顾客不渴，并没有这个需求，顾客是不会购买的。但如果顾客口渴，那他就一定会购买摆在眼前的矿物质水。

导致销售人员经常找不到目标顾客的原因：

第一个，经常觉得自己的产品很有卖点，比其他产品更有优势，所以用卖点去打动人，去吸引人会更加地容易。

第二个，经常觉得那些认可产品卖点的就是目标顾客。

所以，你要做的是，先忘记你的卖点，要以锁定顾客需求为目的。

产品卖点不等于顾客的需求，卖点只能吸引购买，但不能决定顾客是否购买。卖点的作用通常只是用来区分竞争对手的产品。

顾客的需求才是购买的初始动机。

一般来说，消费者的需求有两种：

一是，通过购买你的产品与服务，来摆脱或减轻消费者的痛苦与烦恼。

二是，通过购买你的产品与服务，来获得或提升消费者自身的满足。

根据这两种情况，在锁定目标顾客前，你要先清楚：我能帮助哪些人摆脱痛苦，或者获得满足与提升？哪些人非常渴望获得？

你的产品能够帮助消费者摆脱或减轻哪一种痛苦或者烦恼？他们正在经受怎样的痛苦？痛苦达到什么程度？

你的产品能够帮助消费者获得或提升哪一种自我的满足？他们渴望获得哪一种满足？渴望的程度是多少？

先解决这几个问题，并写下自己心目中的答案，因为这是你的目标顾客的目标范围。这就好比你在钓鱼前就要选好鱼塘。

（二）从顾客条件出发，定位你的客户

顾客条件，就好比你找结婚伴侣，你有你的择偶条件。按照这个逻辑，你的理想顾客也有你推销的产品所具备的条件。

你必须在划定的那一范围的顾客中再筛选，这样你就能找到更适合你的理想顾客。

假如你要卖防脱发的药品。通过顾客需求，你知道你要找的是一个会脱发的人，然后把产品推销给他。接着对这个定位的顾客群体再进行分析：掉发的人必须是什么类型的？

假如顾客只是一位农民，他是不会在乎自己是否脱发的。通过这个分析进行筛选，你就会把顾客群体锁定于：中高层收入的脱发者。这是第一个条件。

假如顾客是60岁或年纪更加年长的老年人，他也不会在意自己是否脱发。通过这个分析又进行筛选，你就会把顾客群体锁定于：30～50岁的中高层收入的脱发者。这是

第二个条件。

假如顾客是一个不太注意自己形象的人，他势必也不会在意自己是否脱发。再通过这个分析进行筛选，你又可以把顾客群体锁定于：注意形象的30～50岁的中高层收入的脱发者。这是第三个条件。

假如顾客长期脱发，头发已经所剩无几了，他可能不会再在意脱发的情况了，可能已经习惯了。这样，再进行筛选，你又可以把顾客群体锁定于：刚刚开始出现掉发，轻度或中度掉发的注意形象的30～50岁的中高层收入的脱发者。这是第四个条件。

通过这四个条件，就可以大大缩小目标顾客的范围，更加明确你要推销的群体，加大成交的概率。

如果你觉得四个条件还不够，你还可以继续多分析几个问题，找出更多的条件！

同样，还有一种方法：回顾总结法。你可以通过你已经成交过的顾客，从中挑选出比较典型的顾客，进行分析。

接着上面的例子：你过往卖出过这种防掉发的、再生发的产品，有一些顾客对产品很满意，频繁地购买。购买的同时，还会介绍他的朋友购买你的产品。

把这些顾客挑选出来，进行详细分析，得出目标顾客的范围：

年龄在35～45的范围，老板或高管，着装正式，中高档，有一定的身份地位，会出席一些社交场合，注重形象，中度掉发，等等。根据这些条件，你就可以确定一个范围，这就相当于你在钓鱼前挑选出了鱼塘。

(三)从产品特点的细分出发，锁定你的理想顾客

选好了池塘，这是条件，接下来是最重要的部分，要钓怎么样的鱼。

从产品特点的细分出发，就好比你钓鱼，钓不同的鱼，就要用不同的杆或不同的饵，让你对目标的捕捉更加有效。

再思考一个问题：这些"鱼"为什么会上钩？

(1)顾客为什么需要你的产品，而不是其他的同类产品？

(2)顾客要求的服务有哪些？你是否具备提供这些服务的能力？

(3)顾客在产品上愿意付出多少代价，与你预想的是否有出入？

(4)顾客的潜力有多大,顾客的购买能力有多大?

产品特点的细分,目的是把目光锁定在你最容易产生效益的那一群顾客身上。他们就是一直所说的"理想顾客"。同时产品特点的细分有助于你规避市场上的竞争,就是划出一片只属于你的垂钓区域或是只属于你的一种鱼。

产品特点的细分,就是明确定位你提供的产品或服务的功能,也就是常说的产品卖点。

再比如:

假如你要开一家奶茶店。通过对目标顾客、顾客需求进行定位,你选择了一个店址,但是这里还有其他人开的奶茶店。

该如何从产品的特点进行细分?

主题细分

情感主题:来买的人必须买两杯,有成双成对的意境。主打情感牌,此时你的目标群体是:情侣。

功能细分

养颜主题:只卖养颜茶。此时你的目标群体是:注重外表的人。

特色细分

特色主题只卖手摇茶，不卖速溶茶。此时你的目标群体是：喜欢这类产品的人。

产品特点的细分，是在划分出的目标顾客群体中，再亮出产品的卖点，选取认可你卖点又有需求的顾客。

理想顾客，就是一群有着强烈需求又认可你卖点的目标顾客群体。

把爆品与新闻热点结合

热点，是一个非常火爆的词语。在这个互联网如此发达的社会，很多明星以及企业都想成为热点，热点带来的效益是无可限量的。

就比如苹果发布会这个热点。

有一个不可思议的现象，苹果发布会结束后的当天，类似虎嗅、i黑马、爱范儿等科技媒体的公众号，关于苹果发布会的推文在几小时内便阅读量破十万；新浪、凤凰等门户网站第一时间把发布会的相关新闻推到首页；搜索引擎（百度、360）在发布会后的一天，"苹果"这个词的流量也达到了峰值。

由此可见苹果发布会已经不只是一个单纯的手机或者硬件发布的新闻,已经变成了一个社会热点,一个大部分人会关注的事件。

一般来说,新产品的发布,热度会持续大概2~3天,很快就会被其他热点事件取代。而一些突发的社会事件、明星被曝光的新闻或者类似苹果这样的重量级科技巨头发布新品时,该话题的热度可以持续大概一周,随着媒体的不断发酵,持续的时间甚至可能更久。

(一)是否应该做热点营销

既然大部分人对热点有那么高的关注度,而且热度持续的时间大概有一周,那么作为一个营销人,就应该将热点与自己的产品结合,运用热点进行营销。

当热点出现的时候,营销人需要问自己三个问题:

这个热点的核心内容是什么?

你需要从一个热点事件中,找到导致这个热点引爆的原因。是某一个新功能引起了群众的关注?还是说某个人做了群众不能理解的事?

就像苹果发布会这个热点，信息量很足，可以用来营销的点有很多，但是我们可以找出其中最吸引人关注的信息：iPhone7的双摄像头功能。把这个信息作为核心内容再计划后续的方案。

所以，营销人需要具备从信息量庞大的热点事件中把无效信息过滤掉、抓准热点的核心内容能力。

做这次的热点营销目的是什么？

营销人的目的是什么？是想借助这次热点来提升自己品牌的知名度或者亮出产品的卖点，还是要通过热点来促进自己产品的营销量或者广告的点击量？

千万不能盲目跟风，别看到其他品牌在借热点营销，你也跟着去营销。所有的营销方法要从自身产品的特点出发。明确自己的目标，给自己设定一个理想的目标后再进行营销，比如微博转发量需要破2千，图片广告点击率需要突破3%，等等。

核心内容是否能与产品有契合度？

上一点讲述了需要从热点事件中找出核心内容进行营销。接下来这一点就需要营销人判断自己需要营销的产品是否有一个亮眼的卖点与寻找出来的营销点可以相结合。

继续上面苹果发布会的例子：苹果7的双摄像头，如果国内厂商制造的手机同样有这个功能，自然就可以抓住这个机会进行营销，借助这个机会来让关注这个热点的人知道自己的产品同样具有这个功能，这是一个很好的借助热点与自己的产品有契合度进行营销的例子。

总体而言，营销人千万不要为了蹭热点而勉强地把自己的产品与热点相结合，这样不仅没有作用，反而对自己的产品更加不利。我们应该先去理性分析这个热点以及考虑后续是否应该借势营销。

在苹果发布会以后，借着这个热点营销的品牌也非常多，就如下面华为的案例：

华为作为比iphone更早使用双摄像头的手机，用一句"欢迎加入"，很得体地表达了自己在双摄技术上的领先，强化了品牌优势。利用iphone摄像头"脱单"这一特点，来凸显自己帮助用户"脱单"的能力。

我们可以看到，这些较为成功的与苹果发布会结合的案例有这样的一些共同点：

（1）苹果发布会后关注度最高的时候及时发力营销，且持续营销的时间较短。聚焦发布会中的某一个特性，将其放大后进行营销。

（2）自身品牌的某一个特性与发布会的契合度较高，营销的空间较大。

（3）目前利用热点营销的客户均以品牌宣传为主，对即时转化的要求为辅。

（二）如何做好热点营销

究竟哪些消费者，哪种类型的营销人适合去追发布会等时效性较强的热点，或者说营销者应该如何去利用这些热点来更好地为自己的品牌产品带来更多的关注。

要想更好地运用热点营销，你需要明确这个热点是否值得探讨。

分析这个热点与你需要营销的产品是否可以相结合。

例如苹果发布会以后，围绕着发布会的新品特性、新品的购买，新品的售后保障等一系列问题就可以展开很多适合营销的场景和空间，比如在新品特性上，可以与你需要营销的产品的特点进行结合，强化产品；比如在新品购买上，金融信用卡、贷款类营销人可以站在消费者的角度上来营销自己的贷款方案；比如在新品的售后保障上，保险类营销人也可以借此来营销自己的保险产品。

当确定热点与自己营销的产品特点契合度很高时，便可以策划产品展现方式。

就如上述所说，一个好的营销创意必须包含：时效性、关注热点中某一个角度以及能够强化自身品牌的某一个亮点，从而让消费者看到亮点就能明白产品全貌，不过绝对不能通过讽刺等手段损害其他品牌的名声来提升自身产品的知名度。

当设计好创意的方案，抓紧热点，网民热度比较高的时候，及时通过搜索引擎、广告的展示、社交媒体等渠道来增加自己的曝光度，通过出众的创意能够与消费者产生共鸣，从而强化对自身品牌的认识与好感度。

如何与热点事件结合起来，营销人经常遇到的情况就是，当发现一个热点事件时，无法将热点事件与产品结合起来。养成这样一种不断的强迫自己去思考的习惯，经历多了，就会形成一种条件反射。

借助热点事件，首先需要了解这个热点事件的由来，这项工作并没有太大的难度，只要你肯花时间，下功夫去了解。当你了解这个事件的由来以后，就需要研究出这个过程中的某点或者几个点是否可以与你的产品的卖点相结合。

第四章

爆品打造超级IP

这个IP，不是指人们所认知的IP地址，而是指Intellectual Property，意为知识产权，是当今被信息所笼罩的时代典型产物。很多企业以品牌或者其他形式的代表作为一个基本点，然后做进一步的IP商业发展。

一、 超级IP的作用以及设计

　　超级IP的基础是IP，正如名牌也是从品牌诞生的，超级IP是IP的进阶，但IP不一定是超级IP。评判一个IP是否称得上是超级IP有两个标准。

　　第一，是否已经完成跨平台、跨品类或跨行业的延伸；第二，在IP的原生行业领域是否已经拔得头筹。因此，超级IP与名牌一样，都是很少的，俗话说"物以稀为贵"。

　　IP最早起源于影视和游戏，但并不限制在这两个方面。

　　熊本熊最初只是作为一个吸引游客的吉祥物，可是在后续一系列的推广、市场运作之后，已经超越Hello Kitty的地位，成为新晋的萌物担当。

熊本熊作为一个超级IP，其跨界效应体现在能够带动熊本县的农业、旅游业的蓬勃发展，在两年内给当地带来约74亿元人民币的经济效益，衍生品销量由2011年的1亿元人民币上涨到2014年的33亿元人民币，形象遍布日本全国各地，形象传播到韩国、中国。

同时，由于熊本县开放熊本熊的使用权限，熊本熊在更广泛的市场空间里，与更多的行业有了融合：出演电影《浪客剑心》、走上时装秀、开设主题商店等。

比起熊本熊自由的、广泛的跨行业融合方式，另一个超级IP——迪士尼有着更高层次的产业化。迪士尼主要的商业模式是动漫IP以及迪士尼主题公园，形成一条完整、有衔接的产业链。

这条产业链从一个经过市场肯定的故事开始，然后借助书籍、电影向群众进行传播，同时实现价值变现，之后再把内容输送进主题公园，进行现场巡演，与群众进行互动，以及开发大量的衍生产品。

漫威创造了娱乐界历史最悠久且最受欢迎的漫画人物，如蜘蛛侠、X战警、绿巨人、超胆侠、惩罚者、神奇四侠、美国队长和雷神托尔等一众超级英雄，深入全球人民的脑海中。2009年8月，迪士尼以40亿美元的价格将其收购。

对于IP产业的运营，漫威很有自信，其高管说："我们塑造角色、编排剧情，谨慎地挑选合作伙伴，提供质量无忧的产品,但我们不提供任何资金……我们只负责收账。漫威是座金矿,钞票会每天源源不断地流进来。"

1999年~2009年这10年间,漫威高层将公司的漫画出版打造成赚钱利器,玩具和授权业务生机勃勃。漫威将蜘蛛侠、绿巨人、X战警、惩罚者等角色分别授权给索尼、环球影城、二十世纪福克斯和狮门等多家公司制作了20部电影。

其中许多影片仅在美国国内放映结束时就已收回成本,随后在国际市场又取得很大的票房成功,而且仅在美国市场就创下了14部过1亿美元、6部过2亿美元和4部过3亿美元的票房佳绩。令人瞩目的是,漫威续作甚至比原作更高一筹。一路走来,漫威10年间的全球收入已直逼70亿美元大关。

此外,漫威还针对视频游戏、服装、派对用品、食物等众多周边产品进行了一系列授权交易。

起初,不少人对漫威的运营方式提出了许多质疑。有人担心,漫威已经把那些深入民心的角色的潜力挖掘到了一定程度,往后在进一步推广名气相对来说比较弱的恶灵骑士、惩罚者和神奇四侠等超级英雄的路上或许就会受到阻碍,停滞。

随着漫威成功的IP运营,种种的质疑声也渐渐消散。漫画高管库尼奥表示:"我们的成功永无尽头,毕竟漫威有太多太多的漫画形象。"不过在谈及公司相对微薄的票房分成时他承认："一想到我们拱手送走了那么多收益，心里就特别懊恼。"

比如，《蜘蛛侠》虽然一举创下惊人的全球8.2亿美元票房，并在美国发行当日就售出700万张定价20美元的DVD，然而漫威最终仅从索尼那里拿到了2500万美元的分成。

"我们一直都在关注如何最大限度地减少资金投入。"库尼奥表示，"但如果漫威想要加强对内容制作和发行的控制，就必须加大投注筹码——当然收益可能也会更多。"

2005年，漫威朝该目标迈出了坚实的第一步：从美林银行融资5.25亿美元开始独立筹拍电影，并交由派拉蒙负责发行事宜。根据合作协议，漫威将在未来8年制作10部平均预算在4500万美元到1.8亿美元的电影。对于每部电影，漫威都会收到相应的制作经费并享有保留全部销售收益的权利，而派拉蒙每次会从票房收入中抽取8%的发行费用。（协议同样适用电影续集。）"漫威已然成为一个名声显赫的娱乐品牌"在对外公布协议内容时，派拉蒙董事长兼首席执行官布拉德格雷表示，"它的市场影响力、品牌和漫画形象的流行度我们均有目共睹，所以能为拍片计划获得这样的创意融资也是当之无愧。能和漫威在新的旅程中携手共进，我们感到非常激动。"

迪士尼在4年后的收购举动再次印证了好莱坞对漫威热门角色和故事的浓厚兴趣。除了惊人的高价外，收购合约还要求迪士尼继续履行漫威和其他工作室已有的协定，如索尼享有拍摄蜘蛛侠（漫威最受欢迎的超级英雄）题材电影的永久权利、派拉蒙关于其他几个漫画形象的既定交易等。但迪士尼并没有因此而气馁。正如迪士尼首席执行官鲍勃伊戈尔所言："拥有5000多个漫画角色的巨大宝藏足够让迪士尼尽情发挥自己所长了。"

漫威的逆袭震惊了娱乐业甚至整个商业圈，它是各大电影工作室苦寻爆品新作的直接产物。由漫威角色改编的一系列新作大片如今已成为好莱坞高层最稳定的收益保障。

大部分人认为，漫威是凭运气捧红了《蜘蛛侠》，之后不过是依靠着前作的名声勉强维持。然而事实上却并非如此，电影工作室的每一位主管都非常清楚，首部《蜘蛛侠》电影不仅在2002年荣获票房冠军及当年全球史上十大卖座影片的称号，更是仅凭一己之力让原本已经消沉的索尼在一年内大放异彩。

早在前些年，漫威就已经极为看重这部前所未有的爆品了。

早期的成功掀起了超级英雄的一阵狂潮。继《蜘蛛侠》之后，《超胆侠》《X战警2》《绿巨人》等其他漫威电影陆续地斩获票房佳绩，而《X战警》和《刀锋战士》的续集甚至超越前作。

所以，意识到漫威的持久不衰，以及业内人士口中"猛劲十足"的作品，好莱坞高层们更是因为有望搬上银幕的漫威角色的竞争而进入了白热化阶段。

漫威的例子，很好地诠释了超级IP的作用所带来的巨大收益，这种收益不是只有一两天，而是一种持续性的收益，不仅如此，企业的品牌、知名度，也会提高到一个很高的档次。

二、形成超级IP的重要条件

(一)超级IP的成功要选对"点"

很多人认为影视、游戏等IP衍生品的成功是因为原IP内容优秀,例如电影《哈利·波特》系列的成功是因为J.K.罗琳的原著《哈利·波特》出众。按照这个逻辑,《西游记》和孙悟空的成功也会引导其他衍生影视作品取得成功。

然而事实是,《西游记》的影视剧总数超过100部,却只有《大圣归来》《西游降魔篇》等少数作品能脱颖而出。哪怕影视IP热播热映,但IP衍生的游戏也并没有太大的起色。

所以成功的IP运营绝不是因为IP本身质量优秀,更多是找准了"点"。首先是时间点，迪士尼那场求婚是在上海迪士尼开园的当日，迪士尼官方刚好邀请了众多媒体。其次是感情、社会环境和气氛、科技等节点。

(二)超级IP的内容人格化是内在核心

如今无论是行业霸主还是中小企业，创业者追IP都只是跟着内容跑，却并不知道影视、小说、动漫、游戏甚至明星、网红都只呈现了IP的外表，IP内容人格化才是内在核心。内在核心包括三大部分。

人格化表达需场景

IP在人们使用现场所遇到的痛点的基础下，转变为呈现的方式，并通过内容表达出来。《同桌的你》这个IP其实是表达了人们对青春的怀念，电影重现的都是校园场景。

上海迪士尼也是一个很好的场景表达，对绝大部分女生来讲，迪士尼是一个比较理想的求婚场地，迪士尼相关元素和戒指的呈现才不会有冲突。

内容人格化后的表达

人格化是IP的内在核心，IP能否拓展的关键在于是否将人格化呈现出来，也就是内容人格化后的表达，这是超级

IP无限拓展和产品表达的基础。小朋友喜欢看《白雪公主》是因为白雪公主善良和漂亮,而白雪公主这个角色则是善良和漂亮的人格化内容,电影《白雪公主》则是内容人格化后的表达。

人格化成功能吸引流量和粉丝

《飞屋环游记》之所以受到千万少女的追捧,是因为它片中表达的浪漫爱情、幸福婚姻吸引着她们。这个IP的卖点就是爱和浪漫,具有吸引粉丝和流量的能力。一个成功的超级IP需要具备这种能力。

(三)IP的真正价值是信息价值

IP之所以被商业所青睐,是因为IP的流量价值。他们追求IP就是因为其在流量以及商业变现上有更大的发挥空间。IP的真正价值是信息价值,流量变现价值要建立在信息价值基础上。

信息价值表现在两个方面,一是知识,起到帮人们省时间的作用;二是娱乐,是帮人们花时间。

简单来说,知识价值就是帮消费者筛选和过滤。群众对IP认可,IP就帮助群众过滤。明星IP就是在不断创造新的知识让消费者省下筛选的时间,专心学习。所以IP的知识价值就是标志，是推荐体质，保证了内容的质量。

IP的娱乐信息价值则是让消费者感到放松和愉快，让群众愿意为此花掉时间，比如《变形金刚》《钢铁侠》是因为能带给消费者刺激感，《冰雪奇缘》是因为浪漫和温馨等。哪个IP占用群众的碎片化时间越多，谁就更容易获得"流量"。

所以想要运营好IP就要使之高效知识化和娱乐化，在此基础上才可能打开流量入口，进而变现为商业价值。IP运营就是完成人与IP之间的连接，让人们节省时间并消费时间。影视、游戏等内容只是外表，流量是最终结果，人格化是内在核心。

IP的运作都无须太过复杂，避免过度商业化。创造一个独一无二的IP内涵，留出粉丝自主参与的空间，你离成功就不远了。

(四)超级IP应该具备四大性质

很多人把超级IP看作是一个象征，看到金箍棒就想起孙悟空，看到盾牌就想起美国队长。但这还只是冰山一角而已，超级IP绝不只是一个象征，至少包括四个特性。

具有很强的视觉冲击力

刚说的金箍棒、盾牌，还有哈利波特的扫帚、蝙蝠侠的飞天服以及清宫、唐服、星际等都是视觉上的冲击，这是最直观的感受。

比如《蝙蝠侠》《美国队长》都是在讲述英雄拯救人类的故事。日本动漫作品在中国取得了巨大成功，但未能像漫威系列那样"袭击"全球，是因为日本和中国文化有共同点且表达只局限在中日两国之间。

具有很强的连锁反应

这种连锁反应表现为：消费者参与、消费者分享、社交等。优秀的IP一定会引发消费者参与，让他们乐意主动分享。优秀的IP刚开始是没有完善的，在与消费者互动中逐渐丰富内在然后继续扩散，其实就是忠实消费者因为喜爱，所以聚集、形成兴趣社交并且主动传播。

超级IP相当于忠实消费者的连接器，经营一个IP应该以人为主，而不是传统的"以产品为主""以IP内容为主"的经营模式，只有在消费者心中产生共鸣，并使其乐于与其他人分享这种共鸣，才是一个优秀的、长久的IP。

具有时间的累积，沉淀性

具体表现为：有持久性，随着时间推移，关注度越高。

美国队长诞生于1941年；钢铁侠诞生于1963年。而国内的《屌丝男士》《西游降魔篇》等影视剧IP的时效很短，尽管播出时关注度很高，但当影视剧完结后，群众的注意力就会被其他的IP所吸引。以至于相关的IP衍生品如游戏推广就显得苍白无力，IP的运营绝不是类似于快餐式消费的运营模式。

具有很强的吸引力

IP的内在核心具有很强的吸引力，容易被消费者接受，被记忆、行动和分享。《银河战士》《古墓丽影》《大富翁》等在全球拥有大量忠实粉丝，他们本身就是一个增加信息吸引力的捷径。

能掀起一波流行热潮，传播速度快，甚至引发消费者主动搜索，IP的吸引力取决于IP与群众之间的关联程度以及IP的价值，关联度高、价值大的IP具有更强的吸引力，易成为流行的发起点。

三、 超级IP的营销方式

尽管距离IP的兴起已经过去两年，由IP掀起的商业热潮并没有因为时间的流逝散去。相反地，IP开始向更有深度、更成熟的方向发展。无论是游戏小说，还是影视动漫，具有雄厚资金的企业仍在购买潜力巨大的IP，期望通过将其加工成为超级IP，带来更多利益。

通过"IP营销"的方式购买有价值的IP，通过IP自有的粉丝向外延伸以带动收益，这一过程造就了一众经典IP的改编。借助某一热门经典IP的产品，可以增加群众的关注度，提高收益。

正因为IP具有无可估量的潜在价值，众多品牌纷纷开展与IP的联合营销。

比如，江小白×同道大叔：醉美不过十二星座定制酒。

网红白酒江小白联合星座文化的超级IP同道大叔曾开展了一次跨界IP营销。原本风马牛不相及的两个品牌碰撞到一起，产生了奇妙的化学反应：江小白推出了颇受欢迎的十二星座定制酒。定制酒在推出之后，短短时间内就刷屏微博及微信朋友圈，引起了众多人的围观，单条微博阅读量超过1000万，微博话题"星座酒话"短短几天也引发了2.9万条讨论量，阅读量直逼360万。

江小白之所以选择与超级IP同道大叔合作是有原因的。自从江小白创立以来，便被人们赋予了"特立独行"的称号，十分符合有态度、追求个性的年轻人群体的胃口，而同时这一人群又刚好是星座文化的超级粉丝，因此这群年轻人可能同样也是同道大叔的忠实粉丝。

在同道大叔的2000万以上的庞大粉丝群体中，以17～27岁的年轻人为主要群体。所以，这次的跨界IP合作同时满足了粉丝们的喜好。据了解，带有同道大叔IP形象的星座酒在面市的第一个季度，线下销量就会冲击百万瓶。

谷粒多×吾皇万睡：当吾皇也喝谷粒多的时候。

去年，在由网友评选出的"淘宝原创十大IP"中，以魔性卖萌走红的网红喵"吾皇"成了人气IP。作为剁手党们

的最爱,"吾皇万睡"的一系列周边产品在淘宝网上备受追
崇。而最近,"吾皇万睡"与谷粒多燕麦牛奶进行了一次合
作,推出一系列动画广告,改编了《西游记》《睡美人》等经
典故事,用冷幽默的方式呈现了受年轻人喜欢的内容。另
外,谷粒多还在天猫和线下超市推出了吾皇万睡版谷粒多
限量产品。

谷粒多作为牛奶饮品空降市场多年,在各大品牌推出
的新品冲击下,影响力大不如以前。此次通过与"吾皇万
睡"IP进行联合营销,一方面是为了巩固IP粉丝资源,通过
营销活动提升品牌的销量,而另一方面是为了对品牌进行
年轻化改造,跟上时代的潮流。

吾皇的粉丝大部分都是年轻互联网消费者,这一群体
正发展为中国消费市场的新兴力量,同时他们更加崇尚个
性化、创意化的生活,因此谷粒多才选择与在众多IP中比
较具有年轻人影响力的吾皇IP合作,这是一个很好的商业
策略。

自从IP"爆红",市场上已经涌现了众多IP营销获得成
功的例子。尽管如此,失败的例子仍是普遍存在,甚至有增
长的趋势。

所以,就算是手握超级IP的王牌,营销也并非都能成
功,因此品牌在决定IP联合营销时需更加地用心,更详细
地计划。

品牌和IP的联合营销是一场激烈的战争，虽然说超级IP是很好的武器，但是品牌的实力也很强悍。所以，如何将双方友好地结合是一个要解决的难题。

以下几点分析，有助于打开品牌与IP互利共赢的局面。

品牌理念与IP相符

品牌在寻找能够合作的IP和平台前，必须先明确定位好自身的品牌。品牌想实现什么目标？品牌出现的问题和现阶段的状况是怎样的？品牌想通过IP联合营销达到什么效果？这些都是品牌与IP合作时需要考虑的问题。

品牌的目标对象是家庭主妇，是不可能会对二次元动漫的IP感兴趣，房地产等传统行业品牌也并不可能会对综艺的IP有想法。所以，找到与自身品牌理念和品牌目标相符合的IP进行合作，是联合营销成功的基础。

能吸引观众的创意

将品牌直接植入IP的套路已经令消费者厌倦，这样的营销方式频繁地使用让消费者产生了审美疲劳，也在一定程度上磨灭了他们的好奇心。要想消灭消费者眼中这乏味的植入方式，品牌必须从新的角度看待IP，通过新颖、有创意的方式将两者进行联合营销，引起消费者的关注。

内容为王

当下时代IP盛行，品牌只有把内容营销计划得更详细，才能在众多品牌中脱颖而出。品牌与IP要从内容上形成默契，从过去传统营销转变为娱乐化营销。只有形成互相促进的、健康的合作态度，才能提起消费者的兴趣，进一步达到营销目的。

相较于过去的广告营销，如今的营销方式告别传统的买大屏、频繁地投硬广，如今的品牌营销趋向"软"化。

实际上，从平台到IP的选择，再到后期内容制作，每一个细节都需要品牌与IP完美地建立默契。因此，与超级IP进行联合营销，品牌还需要进行更多层次的研究。

四、超级IP的误区和运营

(一)国内IP不同媒介之间的互动设计有三大误区

互动设计延迟

国内很多作品都是在推出之后，得到了不错的效果，才会把IP授权给游戏公司来开发相关的游戏。只是由于前期并未考虑游戏设计以及内容互动的元素，就会出现游戏上线后无法持续长期盈利的问题。

互动设计只注重IP的最外表，等同于品牌形象授权

很多游戏公司发现，付出了很大代价获得了IP授权，但是上线后状况却不容乐观，排行榜1个月之后就无法延

续下载量和充值量。主要原因是设计的游戏内容和剧集内容之间没有联系。获得IP授权的公司，通常并不重视游戏的内容和游戏玩家的黏性，只是想借助IP的形象。

国内有游戏授权IP的数不胜数，仅仅是借助了IP主角的形象直接上线，依赖IP效应推一个"换汤不换药"的旧游戏。就连爆红网剧《万万没想到》也没能逃过厄运，前期由于忠实粉丝群庞大以及蓝港渠道推广得很到位，游戏刚上线就是爆款。但是只是持续了一周便榜上无名。内容和网剧之间没有互动并且玩法比较陈旧，难以获得付费率以及玩家的黏性。

不同媒介之间的互动重点在于价值观

互动并不是需要不同媒介内容做到高度重合，而是在不同媒介上作出自己的创新之余，要保留IP最核心的价值观。不同媒介的故事和形象很难保持完全一致，但IP的价值观和精神是可以融合进作品里的。

这个方面能做到很成功的例子莫过于美剧《行尸走肉》的游戏授权。

从2012年开始，《行尸走肉》和不同的游戏公司合作授权了20多款手游和端游，有18款Metascore评分都在80分以上。最近推出的《无人之地》，又是四周下载量破400万，以及IOS上80%给出五颗星的评分。可谓是专家评分、下载量和用户满意度都是业界的首领。

《行尸走肉》的IP持有者AMC和各个授权游戏公司做到了最大限度的资源共享，并且不限制双方内容的创意。当很多游戏都尝试最大的还原、讲述原作的情节时，AMC坚持不模仿原作，他们更希望用另一种方式去诠释原作剧集的主题和氛围。这样也赋予了游戏独立于原作本身的生命力。

(二)IP的长期运营

每个IP进行各方面、一系列的流程、多媒介之间商业的互动设计后，都可以制作一本详细的IP运营手册，这是"制作人中心制"的核心。IP在创作和制片过程中，会有很多创意环节，每个环节执行过程中操作者都有各自的想法，如果没有一个规定的执行手册，就很容易出现不协调。

通过手册规定每个环节，防止原先的定位和内容出现偏差。在初期内容制作完成，进入正式制片操作流程后，就采用团队的流水线生产方式，按照故事概况、视觉冲击、剧本原画、配音、建模、分镜、构图等，根据不同工作性质分配资源，将IP的执行变为类似工业生产线的制作流程。

IP手册从普通的故事概况、人物背景、艺术设定到人群定位、世界观、价值观、科技等原理，落实到一切可能覆盖的细节。在好莱坞制片现场，甚至会专门设置一个助理背熟手册,全程负责提示手册中的细节内容。

不同媒介之间的运营,各种媒介呈现的形式差异,表达方式不同,被授权公司的理念不同,如果没有设置一个标准去遵守,没有一个统一的IP价值观,就很容易崩塌,不仅无法合力推高一个IP,反而会将其毁掉。

IP运营的一切都需要有相对标准的手册去引导。IP运营的典范迪士尼的IP授权部门阵容庞大,有几百种授权的管理准则。

一般来说,一个超级IP并非单靠设计就能做到,更多是依靠运营。IP借助媒介呈现的过程,只是完成了第一步。接下来就是长期的IP运营,再优秀的IP如果一段时间缺少运营,就会被淡忘。

而手册最好的作用更多是在长期运营上,有相应的规章制度之余,还能让IP实现持续曝光。一个有巨大商业价值的IP并非一开始就能做到设计完美,更多是靠长期持续的优化和调整最终形成一个完美的IP。

漫威知名漫画《蜘蛛侠》在创作开端名声并不响亮,随着加入JackKirby的创意和更加偏向社会的内容后,才成为销量最高的漫画,再经过索尼影业的各方面打造,才演变成今天众人皆知的超级IP。

　　综上所述，一个超级IP的打造并非单靠一个好的创意就能完成，而是需要一套体系化的工业流程，结合各方资源一起打造，同时也需要一本IP运营手册去引导每个细节。就如漫威在60年代打造了现今知名的超级英雄一样，我们也可以研究出一套适合中国的模式打造超级IP。

第五章

有故事的爆品传播得更快

　　为什么说有故事的爆品传播得更快？因为人们天生就比较爱听故事，对一件事的来龙去脉充满好奇。比如，你在听别人讲他的故事时，会特别入迷，想知道他到底发生了什么。同理，有故事的爆品会更激起消费者的兴趣，传播速度就会更加快。

一、如何造出优质的爆品故事

（一）故事形成的五大途径

品牌的历史传说

1915年的时候，北洋政府参加万国博览会，当时是打着一个"茅台公司"的名义，但是在参展的过程中，因为产品是一种土瓦罐包装的白酒，所以外国人根本就是不屑一顾，反而是一些包装比较精美的白酒得到了众人的青睐。

当时的官员看着十分着急，想着自己把国家赫赫有名的茅台酒送到巴拿马万国博览会参展，最终不能空手而归啊。但是无奈因为包装实在是太差，导致外人对茅台酒不屑一顾。如何才能引起众人的注意呢？

当时众人抓耳挠腮还是想不到一个好的方法，这个时候忽然一个官员情急之中将土瓦罐包装的白酒茅台向地上摔去，瞬间瓦罐被掷碎！这个时候酒在地上的白酒马上散发出浓厚的酒香，渐渐地扩散至整个会场。

在万国博览会参观的人们闻到了这种别致的酒香，寻到源头发现竟然是中国人带到这里的茅台酒，而酒香扑鼻让众人陶醉，茅台酒顿时惊倒四座，就这样，茅台酒进入到万国博览会众人的眼中。

这是关于茅台的一个历史传说，虽然受到很多人质疑，可是这个故事本身就带有传奇色彩，对品牌的传播起到一个很好的作用。

企业人物的传奇经历

1939 年，桑德斯别出心裁，在加油站旁建了一个汽车旅馆，集中了加油、餐饮、住宿的一条龙服务，汽车旅馆的名字为"霍华德·约翰逊旅馆"。对此经营的要求变高了，桑德斯似乎感到能力不足，于是在纽约的康奈尔大学学习饭店与旅店的管理经验。在此期间，桑德斯始终有一块心病，那就是采用传统的炸鸡方法顾客需要等待很长时间，遂于 1939 年改进炸鸡方法，在参观高压锅展之，买了一套高压锅回去后自行研究、揣摩，终于使炸鸡的时间加快到 15 分钟出炉。

此后，因美国在"二战"中后期实行汽油配给制，桑德斯上校的Corbin加油站关门，维持下去的只剩下Sanders Cafe的餐厅与"霍华德•约翰逊旅馆"了。天有不测风云，1950年危机再次出现，横贯肯塔基州的跨州公路的计划被敲定，桑德斯的餐厅将被征去。自此，桑德斯66岁。

不甘寂寞的桑德斯带上高压锅与炸鸡配方，开始了漫漫征途，遍访了印第安纳州、俄亥俄州、肯塔基州各大餐厅，表演着他那套熟练的炸鸡技艺，换来的是1009次的拒绝与不信任。第1010次，也就是两年之后的1952年，盐湖城的一家餐厅决定给予肯德基炸鸡的授权，五年后，这家餐厅发展到400家连锁。

自此，桑德斯的肯德基开创了世界餐饮业加盟连锁的先河。

1964年，29岁的年轻律师约翰布朗与60岁的资本家杰克麦塞担任的投资集团以200万美元收购桑德斯的餐饮经营权，并在桑德斯同意后将餐饮经营权出售给休伯莱恩公司，此时的桑德斯74岁。领终身工资，担任肯德基发言人。肯德基售出后的五年以每年96个百分点的销售增长，五年后达两亿美元年销售额。1976年开出1000家分店。

肯德基的品牌形象就是创始人桑德斯，他的一生经历就是一个很好的传奇故事，故事积极上进，被有志者所仰慕，同时也会继续向他人讲述。肯德基的爆品—炸鸡以这种方式得到传播,继而达到只要提起炸鸡就能想起肯德基的效果。

消费者使用产品的过程中发生的传奇经历

1960 年,一位渔夫在奥尼达湖中打到了一条重达 18 磅的大鱼。在清理内脏的时候,他发现一支闪闪发光的 ZIPPO 打火机赫然在鱼的胃中。这个 ZIPPO 不但看上去依然崭新,而且一打即燃,完好如初!

单凭这一点,就可以知道为什么不必把 ZIPPO 小心翼翼地收藏在工具箱里,而可以把它放在任何伸手可得的地方的原因!

1911 月 12 日,在南越战场上的一次攻击中,美国军曹安东尼在敌军炮火的攻击下,左胸口受到枪击,子弹正中了置于左胸口袋的 ZIPPO 打火机,机身一处被撞凹了,但却保住了安东尼的命。战后,尽管 ZIPPO 公司期望他能将那支打火机送修,但安东尼却视它为自己的救命恩人,不仅慎重收藏,更希望永久保存它那受伤的机体。

最好的传播方式,就是通过体验了产品的消费者传播。ZIPPO 打火机的名声能如此响亮,消费者与他们的小故事有不可磨灭的功劳,这成功地吸引了更多的消费者。

结合产品的核心属性编写故事

1976年10月，美国加州兰丽公司的台湾代理商在报纸上刊登了一则广告，画面是用细线条画成的一只手和几只羊。标题是："很久以前，一双手展开了一个美丽的传奇故事！"注明故事的内容已被编成一本彩色的英语画册，另附一本中文说明，等待消费者去函索阅。

当消费者收到画册，会看到一个很有趣的故事。故事的内容是：

很久很久以前，在一个很遥远的地方，有一位对美食很讲究的国王。

在皇家的御厨房中，有一位烹饪技艺高超的厨师，他所做的大餐小点都极受国王的喜爱。

有一天，国王忽然发现餐点差了，将厨师叫来一问，才知道原来厨师那双巧手不知为什么突然变得又红又肿，当然就做不出好的餐点来了。国王立即命御医给厨师医治，可惜无效，逼得厨师不得不离去。

厨师流浪到森林中的一个小村落，帮助一位老人牧羊。他常常用手去抚摸羊身上的毛，渐渐地发觉手不痛了。后来，他又帮老人剪羊毛，手上的红肿亦渐渐消失了，他欣喜自己的手痊愈了。

他离开了牧羊老人再返回京城，正遇上皇家贴出告示征招厨师。于是，他蓄须前往应征。他所做的大餐小点，极受国王的欣赏，他知道自己的手已恢复了过去的灵巧。他被录用了，当他剃了胡须，大家才知道他就是过去的那个大厨师。

国王召见了他，问他的手是如何治好的，他想了想说，大概是用手不断整理羊毛，获得无意中的治疗。

根据这一线索，国王让科学家们详细研究，结果发现，羊毛中含有一种自然的油脂，提炼出来，有治疗皮肤病的功能，并由国王命名为兰丽。

这个故事，是由美国加州的兰丽公司编撰的，台湾的代理商用它来吸引本地的消费者，是顺理成章的公关策略，这个故事，更美化了这种产品。

尽管故事是由兰丽公司自己编写的，可是故事很好地放大并美化了产品的核心属性，在消费者心中留下了美好印象，这就很好地达到了传播效果。

巧妙运用焦点事件或人物

1994年，因主演《佐罗》而风靡世界的法国影星阿兰·德隆首次到访日本，此事引发了日本媒体的轰动，也让一家口香糖公司动起了脑筋。

此时，这家公司生产的"洛腾口香糖"正值销售疲软，公司决定好好利用这个机会，吸引一下日本公众的注意力。

经过各方面努力，公司终于邀请到阿兰·德隆来厂参观。这一天，全厂张灯结彩，一派节日气氛，公司的首脑人物都站在门口列队欢迎。

一路上，几个怀揣微型录音机的职员，寸步不离地跟在阿兰·德隆的左右。专职的摄像师更是负责地把全过程一丝不落地都拍摄了下来。

只见阿兰·德隆来到车间里，拿起一块巧克力口香糖尝了尝，随口说了一句："真没想到，日本也有这样棒的巧克力口香糖……"

这出于客套的一句话，却被陪同在旁的职员全录了下来，公司领导如获珍宝，欣喜万分。

当天晚上，电视上出现了一则惹人注意的新闻，阿兰·德隆笑眯眯地嚼着一块口香糖，说："真没想到，日本也有这么棒的巧克力口香糖……"

这则新闻立即像磁石一样吸引了成千上万阿兰·德隆的影迷，大家都争先恐后地购买这种巧克力口香糖。

很快，商店里的"洛腾口香糖"都脱销了，就连库存也一扫而光。

消费者有一个"跟风"的心理，就是自己喜欢的明星喜欢什么，或者在做什么，都想去模仿。例子中的口香糖公司就很好地将受大众喜爱的焦点人物与自己的产品相结合，制造了一个传奇故事，且传播速度惊人，从而完美地解决了公司的销量问题。

（二）故事编写的三大原则

企业在撰写自己的品牌故事时，需要遵守的三大原则。

既传奇，又真实

在一条车流稀少的美国洲际公路上，一对父女驾驶着汽车正在前进，突然车抛锚了，他们急忙下车准备修理汽车，但当他们揭开汽车引擎盖后，一股股滚烫的烟雾冒了出来，滚烫开锅的水箱根本不能用手去碰，父女俩一时间束手无策。

正在两人焦急的时刻，另一辆汽车停在了他们前面，从车上走下来一个青年男子，他的目光猛然被年轻貌美的姑娘所吸引，谨慎的父亲赶紧把女儿挡在自己的身后。那青年人开始脱掉他的牛仔裤（姑娘惊讶而后是好奇的眼神——父亲警觉地用眼盯着男青年），他用牛仔裤垫住自己的手，去拧开滚烫的水箱盖，他遗憾地发现水箱已经坏了，

117

无法在这里修理了。

于是他把牛仔裤的两只裤腿分开,一头拴在父女俩的车头,另一头拴在自己的车尾,父女俩的汽车被男青年的牛仔裤牵引着开走,年轻姑娘挣脱父亲的手勇敢地坐上了那青年男子的车,在原地留下惊讶而无奈的父亲。

片尾出现商标:李维斯牛仔(Levis Jeans)。

这是李维斯牛仔的电视广告故事。这样的故事既吸引眼球,又令受众过目不忘,Levis经过这样的故事演绎,对姑娘产生了极大的吸引力而受到男青年的极力追捧,在关键时刻能解决危机和男青年身着Levis显得更酷而备受女青年青睐。

Levis最善于讲故事,自其诞生时其创始人西部淘金、牛仔装诞生的传奇故事,一直到后来的广告沟通,都是令人津津乐道的故事。正是凭着其讲故事的本领,Levis成为世界牛仔第一品牌。

因为一条牛仔裤成全了两个人的爱情故事,故事充满着传奇色彩,李维斯牛仔裤过硬的质量,让观众想象自己有一天也能遇上这种浪漫故事,从而充满期待,也让这个故事深深刻在观众的脑海里。

感性之余，要跟企业紧密联系

两个关于海尔的小故事：

星期五下午两点钟，德国一位经销商史密斯先生打来电话，要求海尔两天之内发货，否则订单自动失效。要满足客户的要求，意味着当天下午货物就要装船，而海关等部门五点下班，因此时间只剩下3个小时。按照一般的程序，货物当天装船根本无法实现。

海尔员工的销售理念是："订单就是命令单，保证完成任务，海尔人绝不能对市场说不。"

于是，几分钟后，船运、备货、报关等工作同时展开，确保货物能按客户的要求送达。一分钟、两分钟、十分钟……时间在一秒一秒地逝去，空气似乎也变得凝固起来。执行这项任务的海尔员工全都行色匆匆，全身心地投入到与时间的赛跑中。

当天下午五点半，海尔员工向史密斯先生发出了"货物发出"的消息。史密斯了解到海尔发货的经过后，十分感动，他发来一封感谢信说："我从事家电行业十几年，从没给厂家写过感谢信，可是对海尔，我不得不这么做！"

有一次，海尔售后服务中心接到一位用户的来信，询问冷柜为什么长时间不停机。但可能由于疏忽，用户只简单地写了"浮山"这个地名，而没有留下详细地址，也没有联系方式。

在海尔人的售后服务中，有一条重要理念："客户永远是对的。"公司要求所有员工不折不扣地执行。

在这样的理念指导下，海尔售后服务中心立即派一名服务人员前往浮山，带着用户来信和维修工具，一家一户地打听，直到黄昏时分，才在民警的帮助下找到了这位用户。经过检查，发现故障原因是用户没有按说明书使用所致。于是，服务人员耐心地向用户介绍了使用知识和注意事项，直到用户听明白为止。

故事煽情之余，也与海尔企业提倡的文化"真诚到永远"紧密相连，消费者能感受到海尔的真诚的服务，也会乐意把这份服务分享给别人。

突出产品的个性和着重性

再举一个海尔的经典故事：

1985年，海尔从德国引进了世界一流的冰箱生产线。一年后，有用户反映海尔冰箱存在质量问题。海尔公司在给用户换货后，对全厂冰箱进行了检查，发现库存的76台冰箱虽然不影响冰箱的制冷功能，但外观有划痕。时任厂长的张瑞敏决定将这些冰箱当众砸毁，并提出"有缺陷的产品就是不合格产品"的观点，在社会上引起极大的震动。

　　在有的人看来，这是一个不明智的举动，冰箱的质量没有问题，只是外观有一点点瑕疵，不至于全部砸烂，这会给企业带来不小的损失。而张瑞敏此举正是突出了海尔的个性，那就是"不合格的产品绝不出厂"，产品着重的地方就是质量。

　　因此，消费者看到海尔的这则故事，都会赞叹海尔的质量保证，便会对其有很高的信任度，优先选择海尔的产品。

二、爆品故事的营销方式

　　总的来说，企业开始进行故事营销，说明企业的产品已经步入了一个相对成熟的阶段。也就是说，一款质量相当优秀的产品是企业实行故事营销的前提。

　　一个有斗志的企业，会以增加产品的影响力为目标，建立一个品牌。故事营销的目的就是通过故事的方式给产品添加感情的元素，突出品牌的核心，从而打造一个具有产品标志的品牌。

　　与其他营销方式不同，故事营销更侧重利用感情元素来达到营销目的，这是其他传统营销方式所不具备的。故事营销不仅在品牌各项工作中融入感情元素，还可以在品牌的实践营销中将这种感情元素释放出来,引发消费者情感上的共鸣。

江诗丹顿利用的是源远流长的历史故事。因为历史故事可以赋予品牌深厚的文化内涵,使品牌变得深刻而生动。而当一个品牌拥有了这样的历史故事,它的产品就会富有情感因子,这种情感因子会引起消费者对产品产生一种特殊的感情,从而促进他们对该产品进行消费。

江诗丹顿在打入中国市场时,以故宫为背景,讲述了这样一个故事:

咸丰年间,一个名为康斯坦丁的年轻人从瑞士的日内瓦出发,远渡重洋,历经千难万险,终于到达自己日思夜想的中国。他被使者引荐,幸运地见到了当时的咸丰皇帝,并向咸丰皇帝献上了祖国的奇珍异宝,其中就有一块江诗丹顿的怀表。咸丰皇帝十分高兴,他惊叹于江诗丹顿怀表的精密和复杂,当即委托康斯坦丁向江诗丹顿定制了一块蓝色珐琅装饰的怀表。

后来,故宫博物院又辗转从海外收购过两块富有历史意义的江诗丹顿的钟表。

江诗丹顿在中国打出的标语是:"我们一直在中国,从来没有离开过。"这个国际著名的钟表品牌就是通过讲述历史故事的方式,以自身与中国皇帝的渊源引发消费者的情感共鸣,从而"重返"中国市场。

这种方式拉近了江诗丹顿与中国消费者之间的距离，使得该品牌被大多数中国人接受。准备打入中国市场时，江诗丹顿首先选择的就是在中国故宫博物院召开品牌发布会，以此塑造自身在中国消费者心目中的形象。

　　江诗丹顿选择在故宫召开品牌发布会是一个十分明智的做法。第一，咸丰皇帝就是在故宫居住生活，那里是江诗丹顿与咸丰皇帝缘分的开始。第二，江诗丹顿的钟表后来被故宫博物院收购。这就说明，该品牌不仅在过去与故宫有缘分，现在缘分依旧存在。

　　自古以来中国人就对缘分十分看重。所以江诗丹顿充分利用了中国人重情重义的传统心理特点。不仅如此，中国古代对至高无上的权力十分敬重，因此，很多民众对此次发布会有着极强的好奇心，即便今日的中国早已今非昔比，但这些传统的观念或多或少会对后世有一定的影响。

　　江诗丹顿就是抓住了中国人的这种心理，满足了中国消费者的情感需求，才能以这样的历史故事，既煽情又懂把握分寸，打动了中国消费者的心。江诗丹顿与咸丰皇帝的故事中包含了两个突出品牌的重要元素：一个是时间，一个是人物。

　　咸丰皇帝距今已经有一百多年历史，这也反映了江诗丹顿拥有着丰厚的历史底蕴。故事中的人物咸丰帝，在古代有着至高权利，江诗丹顿能与他有缘结识，并受到他的青睐,从侧面上就提高了江诗丹顿的档次,赋予了该品牌高贵的皇室身份。

因为两个因素的缘故,使得江诗丹顿戴上了尊贵的光环,江诗丹顿以这样的形象出现在中国,给中国的消费者留下了深刻的印象,斩获了消费者的欢心,使其对江诗丹顿的品牌等有一个充分的认识。

实际上,要想创立一个优秀的品牌,首先需要一个优秀的故事。但这并不是说,只要有优秀故事,就一定能创立一个优秀的品牌。即便企业已经为自己的品牌设计了一个优秀的故事,但没有一个会讲故事的人,也是白费功夫。所以,现今时代对营销人的要求是,要懂得为企业讲自己的品牌故事。有营销专家指出,在众多的营销方式中,故事营销是最具价值的,它不单成本最低,传播价值也是最高的。

在供过于求的商品经济时代,与其说企业卖的是产品,倒不如说卖的是品牌故事。对企业来说,拥有高质量的产品是基本,但是在同类型企业产品质量不相上下的情况下,拥有一个懂得讲故事的营销团队,用一个好的故事来打造自己的品牌优势会更加有利。

如果营销人掌握了故事营销的技巧,他就能在万众之中通过展现自己的个人魅力,从而被认可,会因此迅速将自己的社会地位提高。一个企业如果学会了故事营销,不仅打造自己的产品的成本会大大降低,还能提高管理的水平。

对于品牌企业来说，如何设计一个优秀的品牌故事，如何把故事讲好，以及如何将故事完美地用于营销，都是打造一个优秀品牌需要考虑的问题。在我们的生活中，拥有优秀故事的品牌公司有很多，只要营销人去发现，就一定能从中受到很好的启发。

德芙巧克力的标语是"Do you love me"。这个爱意之问来源于一个美丽的爱情故事。故事的主人公是一个厨子和一个公主，厨子因受伤而与公主相遇，之后，他为美丽的公主制作了覆盖热巧克力的冰激凌。公主很喜欢，两人也因此互生情愫，但都没有表露过。

后来，公主在王室的要求下，要与他国的王子联姻，在离开之前，她准备与厨子做最后的告别。厨子为公主准备了礼物，他又制作了覆盖热巧克力的冰激凌，并在巧克力上刻下了"Do you love me"的缩写"DOVE"来表达爱意。结果，即使写满爱意的热巧克力融化了，公主与厨子也未能在一起。

德芙公司苦心研制，一心想要制作出固态且不会融化的巧克力。经过不懈努力，终于研制出了香醇可口的固态巧克力，给其取名为"DOVE"。借助这个故事，德芙推出了这样的理念，只要向爱人送出德芙巧克力，就等于向对方表达爱意："Do you love me？"

好的故事可以给予品牌灵魂，当一个企业打造出具有灵魂的品牌时，企业距离成功已经很近了。给"DOVE"的品牌融入关于爱的故事，让人抵挡不住这份爱意。将好的故事融入自己的品牌，通过深入人心的理念打动消费者，这才是真正的经营之道。德芙用自己的品牌故事打动了心中留有爱意的人，使人们产生爱的共鸣，这就是它成功之处。

不仅是德芙，LV品牌背后也隐藏着一个引起消费者共鸣的故事。

生命是什么？生命是一场旅行。LV的品牌故事就是一场生命旅行的故事。远方是一个足以让任何生命都为之着迷的地方，生命会指引我们走向远方。生命的过程就是一段奇妙的旅程，生命创造了旅行，旅行又成就了生命。一人一个LV旅行箱，它伴随着我们的生命一起行走，一起奔赴旅程。这就是一个人和一个LV旅行箱的故事。

企业要打造成功的品牌，就必须懂得讲故事。企业营销的方式不仅要有理性的策划，还要有感性的品牌故事。有强劲实力的企业都拥有属于自己的企业文化，而企业文化往往是由故事组成的，一个品牌的文化相当于一个故事。成功的企业不会只局限于与消费者进行产品间的交流，还会与他们进行情感与文化上的交流。

他们会用故事理念包装自己的品牌，让故事成为客户的情感伴侣，使产品在故事的帮助下深入人心。这样的企业才是真正富有内涵的企业，这样的企业最后收获的不仅仅是财富，还有人心和尊重。

三、故事承载价值 获得爆品竞争力

目前,很多本土企业都面临着很多问题,没有很强的品牌持续竞争力尤为突出。之所以会有这样的问题发生,是因为企业没有明确地定位好品牌策略。企业想要有持续的品牌竞争力,除了技术要有创新,管理有成效,还要做好品牌策略,其中就有通过故事宣传品牌的方式。

故事只是作为一个载体,负责传播的部分,品牌的价值就是通过借助故事的传播获得品牌的持续竞争力,这两者缺一不可。

比如,米奇老鼠是迪士尼公司的品牌标志,从米老鼠的出现到现在,已经有90年的历史。可是在群众的心里,米老鼠的形象并没有因此而"老化",它出现在世界各地,给每个地区的群众带来欢乐。米老鼠就是一个典型的通过故事承载价值提高竞争力的营销方式。

一个品牌在世界存活了90年,还依旧屹立不倒,这无疑是个传说。米老鼠的出现就是因为迪士尼公司积极努力于产品的创新。

1922年,21岁的华特·迪士尼无意间受一只老鼠的启发,在画板上创造出了米老鼠的形象。6年后,第一部有声动画片《汽船威利号》成功上映,米老鼠第一次出现在大众面前,人们将米老鼠与观众见面的这一天定为它的生日。

1932年,凭借米老鼠无与伦比的影响力,《汽船威利号》成功斩获了奥斯卡特别奖。此后,米老鼠的声名更胜从前。

1950年对米老鼠来说是转折性的一年,电视机的出现改变了人们的观影形式,米老鼠这一经典形象也顺应了历史潮流,从大银幕转入了小银幕。

同年,"米老鼠俱乐部"正式成立,掀起了新一轮的米老鼠热潮。1978年,米老鼠诞辰50年,在11月18日这一天,它的名字出现在好莱坞的星光大道上。这也是该平台上出现的第一位非人类明星。

1933～1969年,迪士尼公司凭借旗下电影获得35次奥斯卡金奖,成为奥斯卡有史以来获得最多奖的电影制作公司。1955年，迪士尼第一次将电影业与旅游业相结合，成立了全球第一家主题公园——迪士尼乐园。

1983～1992年，迪士尼公司在日本东京和法国巴黎又先后建成了两个大型主题乐园。从1955年至今，迪士尼乐园的市值涨了近百倍，根据2003年《福布斯》推出的"虚构形象富豪榜"显示，米老鼠的价值已高达58亿美元。

迪士尼公司的成功之处在于它通过"故事"销售"娱乐"。娱乐是指每年都有千万人在迪士尼乐园享受着快乐，至今为止，没有别的公司能制造出超越迪士尼的快乐。迪士尼最经典的莫过于它制造的故事，例如《白雪公主》《唐老鸭》等，深入人心。

长久以来，迪士尼公园都想尽一切办法，把体验和快乐尽可能地复制到世界各个角落，给群众带来快乐，可能各个地方的人们对快乐有不一样的理解，但是对迪士尼品牌的快乐却是相同的，这就说明了迪士尼在这方面有着极强的持续竞争力。

四、用故事建立品牌认同感

日常生活中，总会有人有这样固执的想法，"手提包只买LV""香水只用CK""喝咖啡只去星巴克"，这种固执的想法就是品牌认同感的体现。

品牌认同感，是衡量消费者对产品或服务的品牌价值的认识和理解的标准。消费者对品牌价值给予认可和肯定，是品牌长久发展的保证。创立一个品牌需要漫长且艰辛的过程，而做所有事情的目的就是要让消费者喜欢上自己的品牌，让品牌成为他们日常生活的一部分。

总而言之，企业要建立品牌和群众之间的强关系，使消费者形成"固执"的消费行为和习惯。

品牌的核心点在于品质，这是无可置疑的。品牌想要赢得消费者的心，与枯燥的产品数据相比，消费者更容易被有趣的产品故事吸引。打开一个人的内心最好的办法，就是从情感出发。

　　前面也提到，一个好故事尤为重要。故事应该是从消费者的角度出发，认同他们的价值观、生活观念，从而引起他们的共鸣。持续引发的共鸣可以带来很强的品牌认同感。

　　首先，用第一人称的视角来讲述一个品牌创始人的传奇故事。比如说起华为，人们就会联想到任正非；提到格力，人们肯定会想到董明珠。因为这些都是他们的人生经历、创业过程的经历，富有传奇色彩，引起群众的关注，给消费者带来正能量和希望。

　　其次，借助名人事例讲述自己的故事。将名人事例融入自己的品牌故事中，赋予品牌独一无二的内涵，往往更具有吸引力。

　　最后，策划一个富有创意的"真实"故事。虚构一个主人公，策划主题、情节发展、结局，最终构成一个完整的故事。故事虽然是虚构的，但故事的情感一定要真实，有感染力，能引起消费者的联想。

第六章

爆品公司和工厂

　　所谓爆品公司、爆品工厂，并不是指公司和工厂，也能成为"爆品"，而是指销售爆品的公司和生产爆品的工厂。想要把公司做大做好，就必须做爆品，但是做爆品并不容易，本章则会给出刚起步的公司做爆品的方法、步骤等。同理，一个爆品工厂的诞生，也并不是那么容易，本章也会提到如何才能成为优秀的爆品工厂。

一、 刚起步的公司如何做爆品

刚起步的公司,面临的问题有很多:如何让公司快速地发展起来,如何与其他比较成熟的公司企业竞争,如何做出爆品,等等。爆品是让公司发展更快速的捷径,刚起步的公司如何做爆品,下面有几点介绍。

(一)以热门领域为突破口

刚起步的公司做爆品,首先一定要选准一个热门领域,从中找一个突破口,成功的概率才会更大。爆品一定是能迅速火爆的产品。如果在一个需要漫长时间和精力培养的市场，一开始是一个冷的状态，想要达到火爆的效果，基本是不可能完成的任务。

从热门领域入手是很多初创公司能够成功在市场上崛起的一个核心原因。因为在热门领域后面有非常多的投资机构、合作伙伴在观察，从热门领域入手会使你的合作和你的整合都非常容易做到。

当然，要选对热门领域其实不是一件容易的事。很多创业者都非常聪明，会从最容易做的市场下手，就像拼车、顺风车、班车这种共享的产品，就比较容易做，但滴滴一出现，小公司就完全坚持不住了，有些拼车公司已经面临清盘的局面了。

（二）专注于一两个功能点

刚起步的公司做爆品，专注于一两个功能点就足够了。不要一开始就想着要把产品方方面面都做到优秀，这样刚起步的公司往往会悲剧收场。因为，刚起步的公司领导能力、资源方面都不够完善，如果还要追求产品各方面的优秀，是不可能跟那些各方面都成熟的大公司竞争的。

而对于这一两个功能点的选择，也是有学问的。要选择消费者感知强烈，或者消费者最需要的功能点，然后把这两个功能做到极致。就像某品牌，以空气净化为突破口，解决了很多消费者的痛点。

可以发现的是，这个产品解决消费者最痛的点就是PM2.5和甲醛，这两个痛点可能是所有父母最关心的问题，因为影响着孩子的健康。他们专注于这两点，把PM2.5值降到0，把甲醛消除干净，哪怕外观上不惊艳，体积非常庞大，但是它能把两个功能做到比欧洲那些同类产品还要优秀，然后再将这两点做最大的宣传。

从消费者的角度，他们并不在意产品外观是庞大还是精致，他们关注的是你的产品这两个功能够不够强大，是不是在同类产品中最优秀。

(三) 营销要及时

刚起步的公司做爆品营销要及时。如果不能快速把公司的产品或服务的特点、产品优势对外宣传，及时地通知到同行和投资商，占据优势位置，很难做到快速拿到资金和资源，难以与竞争对手拉开距离。

如果这个产品是领域的领跑者，营销会产生三个效果：第一，给同行一个信号，你做了一个优秀的产品，你不要有抄袭的打算；第二，告诉目标消费者，让他们成为产品的粉丝；第三，告诉投资商，你研究出了一个新颖的产品，他们可以进行投资。

（四）懂得借助强者之势

刚起步的公司做爆品，一定要懂得借势。只要是热门的领域，不会只有你看到商机，往往会有好几个公司来与你竞争这个市场。所以比拼的是谁先抢到机会，谁的资源更强，谁就能最快地占据最有利的位置。创业者的思想一定要明确，有借势的机会就一定要把握。

借助巨头公司，不仅能获得金钱，更重要的是有雄厚的资源。现在很多巨头公司的策略是，每一个领域培养一间有前景的创业公司，变成公司的核心成员。巨头公司的选择往往都是很严格的，创业公司如果被选上，就一定要懂得借势。

导航犬创始人钱进曾有机会把导航犬卖给阿里，结果当阿里跟他谈的时候，他想要博弈一下，拿个更好的价格，很快阿里就投了高德，钱进后悔都来不及，最后导航犬以一个很低的价格卖给了四维图新，钱进几乎净身出户。

这就是不懂借势的后果，不要觉得自己很优秀，跟巨头公司相比，差的就不是一星半点。

(五)把握时机

刚起步的公司做爆品，一定要把握时机。创业可能也会讲究运气，可是更要懂得把握时机，不要觉得失败只是因为自己运气不佳，运气可能会占一部分，可是更多的，还是取决于你有没有把机会抓紧。

二、 爆品公司的危机

近几年来，总能见到一些突然爆红的产品，迅速引起群众的关注，可是只维持很短暂的时间就销声匿迹，就像没有出现一样。冷却的速度相当快。

导致这种危机的出现，是因为公司没有了往后的创新。在这种危机下，公司不仅无法获得高收入，而且还会因为将所有精力资源都投入到这款正在走下坡路的产品，最终走向崩盘的边缘。

很多公司都会面临这种危机，无法实现爆品的二次爆发，产品就像烟花一样昙花一现。即使是当今受尊敬和成功的公司，有时也会因为这个危机而没落。

这种危机在刚起步的公司中最为普遍，但发展完善的公司也需要警惕这种危机，要懂得避免这种危机的发生。

每一个新产品的诞生，都可能是消费者找到替代品的机会。可是很多公司就没有意识到这一种现象，专注于公司的第一代产品。

这就是导致这些公司过早衰落的主要原因，管理人员更新了理念，他们依靠着这种最新的理念，将全部资源和精力投入到第一代产品中，只想它能更加引起消费者的注意，为消费者带来一个独特但不一定舒适的体验。因为资源和精力有限，公司其他项目产品的资源和精力就会受到限制。

所以，即使公司进入"爆品时代"，公司管理层也需要时刻关注产品的基础因素，包括固定成本、资产、产品库存量和人力。单纯地专注于单一产品或单一消费者群体最容易导致这种危机的发生。

有六个常见的误区，会让公司容易出现这种爆品危机，导致不可挽回的局面。

专注于单一产品

刚起步的公司先推出一个相对可行的产品，然后通过社交媒体和其他渠道与客户形成强烈的沟通，通过这些信息快速发展新一代的产品。

专注于单一产品的方式很受新旧公司的喜爱。但是，公司将所有资源、人力投入到单一产品时，就像放一次烟花，只能成功一次，绽放之后就会消失。因为市场很容易进入到饱和状态，所以，产品进入衰落期也会很快。

但某些公司会将这种错误怪罪于产品未能满足消费者的需求，所以加大力度对产品进行改进，可是市场已经达到饱和，需要有创新的产品介入，那么再做多少的改进也还是改变不了衰落的局面。

管理层要在市场达到饱和状态前开始创新，一切从"新"出发，建立一个新的团队。要是一味地对产品做无用的改进，公司只会走向崩盘，消费者会越来越少，公司的产品滞销，最终只能以低价被其他创新公司收购以谋活路。

精益方法的狂热支持者Groupon强调，产品发展应该围绕"社交购物"的创新展开，即鼓励消费者利用规模效应与商家谈判以取得更优惠的折扣。尽管有强烈的迹象表明人们对团购的热情渐渐消退，但Groupon一直专注于证明这一概念，有条不紊地调整其界面，收购失败的竞争对手LivingSocial，并且打算将团购模式扩展应用到旅游行业。

因为对基础业务的忽视，这家公司的运营开支不断增加。2011年，美国证券交易委员会在Groupon IPO前后出现了令人尴尬的会计错误。从那之后，这家公司损失了近

90％的市值。

不仅是例子中的情况，那些专注于单一消费者群体的公司也有很大风险因为这棵树失去一整片森林。就像一些智能手机APP的开发商，他们通常只专注于产品开发而忽略了造成使用者数量变少的真正原因。

没有一个完善的资本结构

私营公司和刚创立的公司所获得的资金主要来自公司创始人或是他们的亲戚朋友，所以，比较具有灵活性，可以随时将资源投入到下一个产品。不同类型的投资者在这个点目的都是一致的，都为了防止过度专注于单一产品让公司陷入爆品危机而经常调整管理战略，从而使公司实现二次"爆发"。

因为市场会迅速达到饱和状态，所以公司都会提前收集大量的外来资金进行生产或者会提早扩大规模。所以，公司只能被迫采取众筹或其他投资者的方式集资，但这些人很难提供资金之外的帮助。

这种资本结构只能在市场增长迅速的情况下发挥出好的作用。如果市场发展比较缓慢，投资者就会变得不耐烦，可能会出现在产品创新的重要时期提出拒绝继续投资或者强制缩减生产规模的情况。

况且，获得第一次成功的公司往往会承担一些次要的长期资金负担,让往后发展的灵活性受到限制。通常会有一笔高额的公司运营费用,如员工餐和员工假期福利、物业管理费等。这些费用在如此变化多端的市场下,也会导致公司陷入危机。

没有一个核心管理者

投资人会给有前景的企业家最大的发挥空间来经营公司直到新产品的发布。但是,一旦该公司获得了粉丝用户,投资人就会迅速鼓动经验丰富的管理层以监督的方式来接管日常运营的工作。

如果没有继续创新的动力,创始人很快就会因为无力疲于应付而无法坚持,选择创建其他公司,并带走最值得信赖的员工。

刚创立公司的投资者经常对创始人的各种项目进行投资,因此对他们而言,创始人的离开只是改变了投资的地点,并不会影响到正常的投资。

但是,前一家公司面临的危机问题就会变得更加困难。经验丰富的管理人员专注于改进原有产品,因为这是创业者进入市场的竞争手段。公司往往会进一步地推动现存的战略模式,同时,也增加了市场回落时公司被困的可能性。

因为发现了风险,谷歌的投资者在公司面临困难之前,让创始人重新担任领导角色。史蒂夫·乔布斯被苹果公司重新聘请的故事大家都知道，因为他们推出的产品满足不了消费者的需求，他们需要乔布斯为苹果带来第二次生机。雅虎的继任CEO因为不擅长重新组建管理公司而导致投资者相继退出。

太依赖投资者

投资者和分析师都不是愿意冒风险的人，有时可能比债权人更保守。受到追捧的创业公司反而会面临投资者的阻挠，尽管投资者总是希望公司会有更多的新颖的成果，但是当利润增长速度变慢时，投资者就会插手公司的管理。管理层因为忙于满足投资者的要求，导致没有更多的时间和精力去实现公司的第二次成功。

盲目地调整策略以满足股东可能会对创业公司的发展造成威胁，最终的结果不尽如人意。

成功只是巧合

当今有些备受关注的创业公司的成功很多都是依靠运气，当他们研究的产品第一次推出就成为爆品时，就会使经营者信心倍增。这种出乎意料的成功看起来像是管理优秀的决策的结果，实际上这却是一种危险的错觉，这样的成功往往只会昙花一现。

Twitter在上市后的第一天就达到了240亿美元的估值，之后一直在努力增加收入并保持爆炸式增长。它推出了许多新功能，包括推广推文、民意调查、流媒体视频和长篇帖子，但这些让很多老用户感到不满，他们不断向公司投诉。与此同时，管理层也是在原地打转。结果不仅损失了一半的价值，更重要的是，twitter已经迷失了发展方向。

将高估值与商业天赋混淆的创始人可能会忽视产品设计这方面，疏远那些能助他们一臂之力取得第一次成功的早期客户。

推测的未来实际不可行

由于企业推测未来会有更多的顾客诞生，导致管理者会将大量成本以及资源用于加大生产量和扩大销售范围，从而满足这个推测，然而这些推测的需求其实并不存在。更严重的是，这样做可能会增加库存压力，无论如何降价也无法把它们顺利销售出去。

三、公司打造爆品的六个步骤

(一) 先理解消费者需求

想要产品能火爆，就要先清楚买家是谁，就是哪些是目标消费者。他们的需求决定企业往哪个方向去开发产品。产品开发之前，已经有顾客需求作为参考。如果你所开发的产品就是顾客一直想买但市面上没有买到的东西，就不可能不火。

(二)设计上要合理

选定了目标人群以及了解他们的需求,完成了这个步骤才到设计师的部分,设计师负责把经过市场调查得到的市场需求变成顾客们喜欢的产品。

只要设计师的设计方向是目标人群需求,那么设计师所构思的创新想法都值得去鼓励。相反如果没有选择一个正确的目标群体,设计师的方向就会出现错误,那么就算设计师构思出再炫酷的产品也不可能成为爆品。

用合理的方法找到目标人群,这是爆品设计最关键的问题。没有科学合理的方法,任凭感觉去做猜想,即使你有丰富的生意经验,出错的概率也是很大的。

这也是大部分企业家都会犯的错误,他们不愿合理地做决策,宁愿凭借自己的经验和感觉,凭这种遐想去做出决策。这种方法在较前的阶段,竞争不激烈的时候可能是可行的,你可能会想对一次,但连续都遐想成功的概率是基本不可能发生的。

即使你在这个领域拥有几年甚至十几年的生意经验,也不可能做到连续的猜测正确。

比如海尔的洗衣机，消费群体最关心的问题是体积是否会占据很大的空间，所以就有了海尔小神童，那么往后呢？他们关心的可能就是是否节省水电、是否有噪音。再往后呢？你不可能保证自己每次都能推测到消费群体关心的问题。

海尔张瑞敏2005年在《每日经济新闻》上说过："正确决策之后的再决策最难。"就是凭经验的话，连续决策成功率极低的意思。

爆品具有科学合理性和艺术性，就像一辆汽车的车轮和车身，谁也离不开谁。但是爆品一定要先有一个科学合理的方向，才可以进行艺术创新，艺术的创新设计一定要在合理的方向上进行，要在一条线上，不能随意进行拐弯。不然，哪怕设计多么有创新性，也是做不了爆品的，所以才会出现很多失败的例子。

(三)用品牌帮助产品实现竞争差异

企业所选定的行业也就决定了他们所制造的产品，所以产品从一开始就已经有一个明确的方向。也就导致很多企业会出现产品比较相似的情况，比如食品、快销品、服装、奢侈品等。所以要想让自己的企业产品与别的企业产品有区别差异，就要用品牌帮助产品，打造爆品。

想要产品有差异性，起一个别致的品牌名，这是品牌打造爆品的其中一个方法。比如果汁类饮料，现在这个市场已经有很多同类型的产品，你再推出类似橙汁、苹果汁的饮料，营销情况肯定不容客观。这时候品牌名就能发挥到作用。有一款橙汁名字就叫"酷儿"，包装以一个可爱的卡通形象为主，在当时是十分受欢迎的，这就是品牌名实现的竞争差异。

如果出现品牌名都已经注册好的情况，但你的名字和产品靠的距离不是太远，那就可以在你的品牌名旁边添加上你的品牌广告语，突出产品的卖点。

"品牌起名"也好，"品牌广告语"也好，这都是在有太多同类型的情况下，借助品牌起名或者广告语的方式，把工业化的产品人格化。那消费者买那些产品的时候就会得到心灵上的一种共鸣，就会产生一种不一样的感觉。

(四)实现企业利益最大化

打造爆品就是要获得更多的利益，爆品归根到底还是商品，商品就会有买卖，那就要研究价格方面的问题，如何实现企业利益最大化,说白了,就是什么样的价格最合适。

销量很火爆,实际上企业是亏本的状态,那这个并不是爆品,只是一个失败品。消费者存在客观的心理价位。你可以不按这个心理价位设置价格,但消费者依然是按照这个心理价位去衡量这个商品值不值得买。

假设你的产品还没有真正地被开发出来,那就可以先从价格研究,什么样的价格最合适,再去根据这个价格的成本进行开发。相反的,如果你事先没有考虑到价格的问题,产品都已经被开发出来了,那就必须用合理的方法去挽回局面。

价格不是随便制定的,要考虑很多影响因素。考察消费者的心理价位的方法也有很多,比如一个企业家给产品定价是68元,但做的市场调查发现,100个人里只有2个人买,那这个价格就是不合理的。因此,如果在考虑各种因素的过程中出现失误,那"爆品"就有可能变成"败品"。

比如,一个做饮料的企业,为了饮料的质量,不计成本,加了更多其他的原料,口感是很好的。但是价格却已经超过同类型产品的消费者心理价位,造成的结果就是连初次购买都达不到,你产品的质量再好,没有初次购买,就不会有复购的出现,更没有利益可谈。

因此，企业想要爆品销售火爆且利润高，绝不能只在产品功能、品牌、包装设计等方面花心思，还要按消费者的心理价位来决定价格，你不能单纯为了让产品出众，而忽视了成本。

（五）推测产品销量

制定好了价格，那就到了很关键的一步，就是销量。爆品之所以叫爆品，是因为要有"爆"的效果。有"爆"的销量，是给公司带来利益的关键。那么企业就需要考虑采购原材料供应的量、第一批生产的量、生产周期等。

爆品最好的地方就是供不应求，但推测产品销量，就决定了上述企业所要考量的因素，如果推测结果比实际的情况过多，那企业还是达不到赚钱的效果。所以有一个精准的销量预测，是很有必要的。

不过，想要推测结果达到完全正确基本是不可能的，所以就要借助合理科学的方法让推测结果最大程度地接近实际情况。产品亮点、包装设计、价格、发行时间、淡旺季、广告的力度等都会影响到销量。

企业可以根据产品设计调查出价格，根据价格推测出销量,再根据成本和利润,预测出新品发行第一年的利润表和损益表,最后给各个公司的执行层下达任务,这才构成了一款产品的闭环。

(六)借助产品线应对竞争

根据上面的五个步骤,爆品打造成功,企业也获得了不少利润,但是想要长久下去还是不够。当今的市场,如果有一个企业推出了一个爆品级别的产品,那么其他竞争对手就会给出应对策略,做出一个与你相似且价格低的产品。除非这个产品已经被你垄断,不然,基本不可能躲避这种情况的发生。这个时候就要以产品线应对这种竞争。

不仅是大型企业需要产品线,中小型企业也要重视。市场的竞争只会越来越激烈,消费者的需求变化也是十分快速,新的需求不断出现,新的需求意味着你的产品要改进升级。如果你的产品线里没有这一项准备,一直为旧产品做广告营销,无论广告做得多成功,都无法改变新的需求你没满足这一事实。

可口可乐推出雪碧、芬达,百事可乐就推出相应的产品百事、七喜;可口可乐推出了果粒橙,百事立即应对,推出了美汁源、纯果乐、果缤纷;可口可乐推出冰露矿泉水,百事就推出冰纯水。

随着竞争越来越激烈，就算是中小企业的产品，也会面临产品线之争。随着产品数量增多，产品线的宽度和深度也会增加。就比如柠檬味的可乐、无糖的可乐、香草味的可乐，还有大瓶装、小瓶装、家庭装等，这些就造成了产品线的宽度和深度。

然而这还只是一条产品线，产品种类的不同，就会出现不同的产品线。像高露洁不仅只有牙膏，还有牙刷、漱口水等。这些都属于同一个品牌类型的不同产品，每个产品下都有各种产品线，所以也要做好对产品线的管理，进而实现企业长久的利益。

第七章

爆品的修炼方法

"爆品在手，天下我有"，没有爆品，再庞大的规模也会日渐"消瘦"。爆品的修炼方法，是当下最热门的话题，而打造爆品则是各大企业不断追寻的目标。

爆品的前提是痛点

痛点，就是消费者迫切的需求点，就像你做完运动需要一瓶水一样，这是本能的需求。当今是互联网时代，"痛点"这个词频繁地出现在消费者眼前，对群众的眼球造成视觉冲击。

创业者的交流必有痛点。找到消费者痛点是打造爆品的前提，不管你的产品多么有历史情怀，做工多么细腻，如果消费者不需要，或者并没有迫切的需求，那么一切都是无用的。

痛点可以拆分为"痛"和"点"来理解，"痛"指的是消费者能真实感觉到的烦恼，"点"指的是解决烦恼的突破口，一个关键点。关于痛点的选择，就是让他经历过的烦恼事情得到解决。

痛点往往是现实中困扰消费者的问题。企业通过创新大大改善消费者的烦恼，让消费者变烦恼为愉快。所以，企业最重要的就是找到消费者的痛点。第一步是确定产品是什么类型，能解决消费者什么样的痛点。当一个问题或是烦恼越难解决，就越有可能找到解决的方法，解决方法的背后连接着企业的产品或服务。

时代在变化，消费者的需求在更新，市场环境千变万化，各行各业都需要适应这种变化才能更长久地发展。当下很多企业，就到了必须应对这种变化的关键时期。过去的时期，企业有明显的低成本优势，需求也强劲，企业家很容易就能赚到钱。

现在不一样了，过去低成本的优势慢慢地变得不再明显，现在的员工人数不仅少了，还对工作环境和薪水等因素有更高的要求。

在这种变化下，企业应该如何应对，有哪些"痛点"是必须积极地面对解决的？

企业会面临三个问题：第一，创造怎样的产品和提供怎样的服务；第二，管理与执行力的效率；第三，就是资金。大多数企业起初都会重视第一个问题。但是，进入到企业的发展阶段，因为第二和第三个问题阻碍，往往就忽略了第一个问题的重要性，忘记了自己的初心。

消费者的体验是核心，企业所做的一切努力都应该是为了消费者，而不是从企业自己的盈利目标出发。可是现实中往往是相反的，很多企业都是因为这点才以失败告终，它们沉浸于自己的创新，而不是以消费者的需求为目的。

创业的过程中，时常会出现这样的情况，消费者对我们费尽心血创新的产品或者服务，并不是很感兴趣。或者是，市场刚刚有一些起色，竞争者马上就作出应对，使得市场竞争立即转入了产品价格的竞争和对人才的争夺。

企业要想脱离低层次的竞争以及摆脱管理和资金的困难，最有效的办法就是提高产品和服务的质量，不止是提供更多的服务，或者是提供更周到的服务，还要让消费者在使用过程中体验到更优质的产品效果。

比如顺丰嘿客，单纯地认为消费者网购的最大痛点就是没有体验，所以以推出线下体验店的方式，让消费者可以先试后买。确实，没有体验是网购的痛点，但网店自从推出7天包退承诺后，这个痛点就已经没有那么明显了。

还有一个原因，网购所体现的核心价值有两个：一是低价；二是便利。消费者只要在手机或者电脑上购买商品，商品就会被送到家门口，而顺丰嘿客却让消费者先到店里去试，试了再买。

　　简单来说，消费者如果有这种时间，不如直接去大型的购物商场，在那里购物得到的保障以及选择都会更多。

　　消费者的痛点就是商机，便利就是让消费者在不用思考的状态下体验到产品和服务。让消费者尽量减少学习和适应的时间，把体验产品和服务变成一个纯享受的过程。

　　消费者只是负责支付，除此之外，多一份脑力的付出，都会让消费者觉得不划算。这种感觉跟价格的多少没有关系，消费者不会因为价格低就认为自己应该多付出。

　　企业有一个惯性思维，觉得自己的知识基础与消费者的知识基础相同，自己对产品和服务的理解，消费者也一样有相同的理解。但是，当产品或服务在消费者面前时，消费者因为知识基础薄弱，需要去学习、理解和适应，使得消费者普遍给出各种不佳的反馈。

　　与便利相比，关于品位的问题更得不到企业重视。成功的企业往往是务实的，比较注重实用性。

　　品位更偏向于精神层面，相当于一种情怀。如果只在品位方面思考，很大可能给人一种不够实际的感觉。但是，没有品位或者品位比较低劣的产品和服务，也不会在市场有很好的发展。

　　在互联网领域针对"屌丝经济"的这种类型创业，产品设计的场景感需要具备应对屌丝这一怀旧痛点的理解能力，当然这其中，产品体验、定位、细节、快速迭代等系列产品能力都融合在里面。

从痛点到尖叫点再到爆点，是一个逐步递进的过程，并且三者之间互为基础，缺少任何一个都不足以引爆一个品牌。从表面上看，这是一种贪婪；实际上，这是根植于每个人内心深处的完美主义倾向。

企业，不能以单纯满足某种需求而努力，而是要在满足需求的程度上努力。60分的满足也是满足，100分的满足也是满足，可是两者之间是截然不同的，100分的满足存在着60分满足不具备的关于便利与品位的痛点。

当企业创造的颠覆式体验满足了消费者的时候，企业其他方面的价值，自然而然地就会发挥到最大。

当今的互联网时代，产品是聚焦于一个方向做到极致，达到甚至超越消费者预先的期望，而不是所有方面都做到优秀。全能型产品这个商业模式是很难发展下去的，因为消费者越来越偏向对口碑的追求，而口碑产生的基础不是全能而是突出。

企业所有的策略都要围绕消费者，从他们的角度寻找痛点。满足他们的痛点，让消费者感受到产品的价值，才能提升企业在消费者心中的地位。

二、 消费者的尖叫点

消费者的痛点导致了产品的诞生，那么消费者的尖叫点就是产品要努力的方向之一。有很多产品需要努力的元素，做到消费者的尖叫是其中的一个重要环节。尖叫点就是超越了消费者所预料的效果。

就像歌迷或影迷参加的明星演唱会或者见面会，粉丝那种撕心裂肺的尖叫声，表达着自己对仰慕对象的感情。没有达到一定程度的喜欢，就不会有尖叫的效果，拥有这种热情的粉丝就是产品已经达到极致的最好表现。

痛点和尖叫点的区别，比如：

你独自一人到外地工作，没有亲朋好友的陪伴，身处异乡。当你结束了一天的工作，身心已经很疲惫，回到自己的住所，就会感觉到很孤独。

这时，你就会想找一个与你处境相似，可以互相倾诉、安慰的人，减少因为孤独而带来的伤感。对于你来说，这就是你的痛点，但却并不是你的尖叫点。如果这个倾诉的对象是个异性，那么你的孤独感就会更大地减少，这就是尖叫点，这个结果超出了你的预想，自然效果就会更加明显。

所以说，达到尖叫点，不仅仅只是解决消费者的痛点，而是要超越本来需要解决的效果，这是一个很大的层面，企业能很好地解决消费者的痛点，可是能达到尖叫点的却少之又少。

要想达到尖叫的效果，就要做到以下两点：

第一，设计尖叫点的地方不要太多，太多并不是一件好事，这样产品就没有一个突出的闪光点，消费者也不会一直尖叫。

第二，仅仅让消费者觉得好，是不足以让消费者尖叫的，要让消费者发自内心地觉得很好，有爱不释手的感觉，才算是尖叫点。

要想让产品达到消费者的尖叫点，可以采用"排除法"，从而让消费者的目光聚焦到你所设计的产品尖叫点。

所谓"排除法"，就是将一些其他的元素尽可能地除去，留下那个能让消费者尖叫的闪光点，市场上，并没有太多企业运用这种方法或者类似的方法去审视自己的产品，都在担心其他企业的产品胜过自己，或者因为自己的产品相对来说比较简单而市场遭到淘汰。

但是，产品的闪光点太多，导致的后果就是产品本身的聚焦点被分散化。产品各方面都优秀，可是消费者摸不清产品到底有什么作用，分不清轻重。就比如，一款清洁用具，既能当扫把又是拖把，各方面都可以，这就会让消费者摸不清这款产品实际的作用，很混乱。

所以，"排除法"就有很大的作用，这里可能会让企业出现误区，一款产品需要有尖叫点，却要排除优秀的点，就会很矛盾。做到以下几点原则，就可以明白哪些需要排除，哪些需要保留。

第一，除去产品中与核心功能并没有实际联系的部分。一款社交软件，若是除去它的"寻找新好友"的功能，那就失去了社交的意义，消费者也没有体验到任何社交的服务。而相反，一款导航软件，加入"寻找新好友"的功能就是没必要的，这个功能是优秀的，可是导航只是指引的功能，和社交没有太大的联系，消费者也不会体验到这个价值，也不会因此而尖叫。

第二，除去产品中不能凸显核心功能的部分。

第三，如果产品存在多个尖叫点，只留下突出核心的尖叫点。不过，不是需要去掉这些功能，而是去掉产品中过多夸张修饰的部分。保留两个尖叫点是比较好的解决办法，能让消费者交替地体验到这两个尖叫点，不会因为只有一个尖叫点而出现体验疲劳的情况。

第四，如果尖叫点多而优秀，该如何处理？简单来说，只要尖叫点都是彰显核心功能的，尖叫点就越多越好，因为产品的核心才是最重要的，要去除的是与核心没有联系的尖叫点，与核心紧密联系的都是要保留的。只有这样，整个产品才能维持平衡和谐的状态。如果产品核心功能的尖叫点多且紧密地围绕产品的核心功能，那这款产品成为爆品只是时间问题。

很多产品设计者都觉得自己设计的产品已经足够让消费者尖叫了，然而，消费者毫无波澜，反馈的情况也不容乐观。而产品设计者对此事并不知情，还在沉浸于自己的满足感当中。从"排除法"的角度来说，产品中很多多余的环节可以去掉，只是产品设计者没有做到而已，所以无法令消费者达到眼前一亮的效果。

产品找到消费者的痛点，这只是第一步，解决消费者的痛点，解决的程度能达到尖叫点，就是又向成功迈进了一大步。

三、 爆品的爆点

所谓爆点,就是能引爆传播的那一个点,它相当于产品上的炸药,一旦引爆就能快速地传播出去,震惊市场。

(一)形成爆点有三个步骤

产品的记忆点

要为产品设计一个能让消费者很容易记住的点。当今社会,信息量巨大,人们每天要接受各种各样的信息,如果没有一个特别的记忆点,是很容易被人们遗忘的。

产品的记忆点要简单,容易被广泛传播,还要为后续的宣传传播埋下伏笔。

消费者的参与点

这一个步骤就是设计能吸引消费者进来的"入口",让他们与产品在思想和行为上达成共识,形成共进退的关系。

参与点的设计一定要足够有吸引力,能勾起目标消费者的参与欲望,让他们觉得产品有趣,有内涵。这一个步骤的主要目的就是和核心消费者建立关系,从无关系发展到强关系,让他们成为产品的忠实粉丝,为产品建立口碑基础。

借助热点事件引爆

前面两个步骤都准备就绪了,就只剩最后一个关键步骤了,就是借助热点事件引爆。热点事件是进入消费者圈层的车票。

所以,要做到爆品,就要有热点事件的思维,不仅能善于运用热点,而且也要有策划热点的能力。

成功的产品都是爆品,没有爆点必死无疑。在当今的市场中,一定要让你的产品成为人们口中谈论的话题,让消费者自发为你打广告,否则,你的产品将很难在这个营销手段满天飞的市场中存活下来，无数活生生的例子告诉我们，做好这几点，就有可能做出爆品。

(二)产品的亮点

大家可能会觉得，公司的产品被人知晓是通过互联网，其实并不是，它是通过人们在工作、社交场合口口相传而形成的，当这种行为不断重复，就形成了口碑，而口碑传播的前提是产品有足够震撼的"亮点"，下面就讲一下其中的一些方法。

为产品营造神秘气氛

先让你的产品仅对一部分人开放，其余的人要想使用就需要"一些手段"。Facebook刚成立的时候只对少部分大学开放注册，一些备受关注的游戏起初仅对内测玩家开放。都是利用了消费者好奇心，为产品营造一种神秘气氛，更突出产品的亮点。

所以，企业推出新的产品时，先对一小部分开放，让他们可以营造一种神秘的感觉，引发别的消费者好奇。

让产品关联其他产品

炸鸡和啤酒，电影院和爆米花，跑步和运动饮料，这些产品搭配起来十分舒适,让消费者在看到其中一个的时候,就立刻联想到另外一个。

2014年,韩剧《来自星星的你》中,女主角有一句:"下雪了,怎么能没有炸鸡和啤酒。"因为这句话的出现,肯德基、麦当劳里出现了一大批拿着啤酒和炸鸡的电视剧粉丝消费者,并且在朋友圈霸屏。就连明星们也在呼喊"炸鸡""啤酒"。"炸鸡""啤酒"的这股热浪甚至挽救了因H7N9而一度低迷的家禽界,同时也带动了啤酒的销售额。

让企业自身的产品与其相关联的产品结合,帮助企业树立品牌名声是一个十分有效的方法。从消费者的角度思考,他们希望从你的产品中得到什么,以及他们还需要哪些其他有关联的产品,就好像电影院和爆米花这样的组合。

与其他产品组合,会让消费者在特定场景中情不自禁地想到你。

将消费者的震惊变成分享

你有听过将石头作为宠物吗?这是20世纪70年代由广告人加里·达尔(Gary Dahl)想出来的。1975年4月,达尔与朋友在一家酒吧聚会时,朋友向他抱怨自己的宠物。他对朋友说,最完美宠物是石头,它不需要喂食和洗浴,也不会生病和死亡。这只是句玩笑话,但达尔后来决定将这个想法付诸实施,宠物石由此诞生。

达尔出售的宠物石被装在盒子里,而且配备了一本32页的培训手册,详细说明该如何饲养它,里面充满了笑料和噱头。宠物石引发了消费者大量的分享,每个"宠物石"售价3.95美元,净利润3美元。仅投入市场第一年上半年,"宠物石"便为达尔带来1500万美元的收益。

在对产品实施营销策略时,思考哪方面能震惊消费者,引发他们一系列的分享效应,震惊的情绪越多,消费者对产品谈论的话题就越多,最后达到"爆"的效果。

寻找被忽略的群体

小咖秀是一款简单的应用,用户选择喜欢的音频片段进行对口型表演,就可以生成一段有趣的视频进行分享。小咖秀之所以爆红,最重要的原因是切中了90后、95后喜欢自我表演的特点,更是契合了当下流行的逗趣文化,在这之前这个群体一直被忽略。

仿佛突然间,逗趣文化击中了90后、95后人群,这种有点牺牲自己般的自黑,以无所顾忌的夸张的表演取悦别人的文化,非常符合年轻一代人的特点。小咖秀可谓是抓准了这一代人的需求,量身定制了这样的逗趣表演功能,你可以用各种夸张表情去自拍表演，每个人都尽情发挥，然后去分享、晒自己的逗趣，又引来同道人的知晓、下载、表演、分享，于是带来滚雪球般的爆发。

人们强烈的需求，就是爆点，一个产品如果能引爆一个或者两个爆点，并做到完美程度，就已经是成功的表现。

四、 制定爆品战略的六大原则

做爆品，就必须有一份详细且优质的爆品战略，一份优质的爆品战略能够让爆品在市场上更快地拥有品牌竞争力，这是企业很重要的一个元素。随着市场竞争越来越激烈，同类型产品多如繁星，打造一款与众不同的爆品，便是制胜的关键，或者采取其他企业没有使用过的爆品推广手段，就能取得优势，打开市场。

大部分企业都会从价格这方面下功夫，以同质量产品低价出售实现吸粉目的，但这种方法只是暂时的，不能长久，只能在短时间内带来高收益，毕竟没有任何一家企业愿意使用常年搞促销活动的方法。

所以，就需要另谋出路，以下介绍的就是爆品战略的六大原则。

靠产品本身，真正做到与众不同的质量

并不是自称就能成为爆品，需要具备"爆"的火药，才能称之为爆品。比如，爆品就像篮球场上的巨星，要有永夺冠军的篮球技术，同样是在一个球场中训练，巨星要有超强的学习能力、超强的身体素质，聪明加锻炼，才能保证自己巨星的地位。

爆品是能够靠自己的真材实料引发火爆的销量，火爆的名气，掀起群众的追捧与围观的热潮。爆品要有先进的技术、优秀的产品品质，一切用产品说话，以产品为核心，只有真正做到与众不同的质量，才会在整个市场引起轰动。

走潮流路线，撇开产品的核心功能和理性诉求

现今是互联网信息时代，移动互联网逐渐成为人们生活不可缺少的部分，而互联网受众大部分集中在80后、90后。他们追求潮流路线，也比较感性，喜欢跟随自己的心走，对烦琐的诉求，理性的质量、功能比较厌烦，这些不能对他们产生多大的影响。

相反，感性的色彩更有可能征服他们。所以，做爆品时，不如先暂时忘记产品的核心功能和理性诉求，把重点放在消费者的体验和感受上，挖掘消费者的内心想法，走年轻的潮流路线。

就如小米Note女生版，将目标受众锁定为新时代的时尚女性，根据她们的心理需求进行营销推广，给冷冰冰的电

子配置穿上时尚的外衣，这样的产品不知道又会吸引多少爱美、爱时尚的女性消费者呢？

时尚集团总裁苏芒说："小米Note，让科技穿上时尚的外衣，让时尚插上科技的翅膀。" 这款小米Note女生版无论是从宣传图片还是从软文营销上，都给这款手机做了最美的点缀。

柔美的樱花粉，诠释自信与时尚。托于掌心，仿佛春天在手。玻璃材质，如初春般的微凉手感。曲面工艺，仿佛女神的玲珑曲线。侧面金属边框喷砂工艺，让触感细腻温润。为如此精致的手机赋予樱花粉，让科技绽放时尚之美。一场梦幻巡礼始于早春。

增加产品的娱乐成分，突出消费者体验和感受的同时弱化产品的核心功能和理性诉求，这时候的产品就不单只是一个用来解决消费者问题的工具，而是一个能展现消费者个性、满足消费者心理需求的标志物。

让产品外观与消费者"沟通"

爆品除了要有强劲的产品质量，产品的外观也要设计得美观，就像一个蛋糕，即以产品的核心质量为主，加上好的口碑、好的服务等，产品外观就是蛋糕的装饰，美观的设计等让消费者更有"食欲"。

产品的外观，就是与消费者的第一次"沟通"。同类型同质量的产品在一个地方销售，为什么有的会售罄，而有的却卖不出去，这是每个企业都需要思考的问题，在没有其他的推销方式前，消费者对产品的第一印象，就是来自产品的外观。

比如，一个举止端庄的人和一个不修边幅的人与你交朋友，你肯定会对前者感兴趣，对后者会嫌弃。

没有人会对乏味的、丑陋的、普通的事物感兴趣，这就是为什么爆品要注重外观的原因，从外观的色彩、形状、图案、文字等方面彰显出与其他产品不一样的独特，吸引消费者的目光，在他们心中留下一个完美的第一印象，与其进行一次愉快的"沟通"。

以产品特点形成区分

爆品应该具有自己独有的产品特点，例如百度，全球最大的中文搜索引擎，超过千亿的中文网页数据库，可以瞬间找到相关的搜索结果，这就是百度独有的特点，也是它能成为老大的原因。

以产品特点形成区分，用产品的独有的亮点吸引消费者，把更多选择理由给消费者。而企业要想形成这种区分，首先要想尽一切办法将自己产品的卖点、优势展现出来。一般产品外包装都会有产品的信息，比如产品的名称、图标、生产商、企业地址、联系方式等，而这些信息是不能吸引目标消费者的。

真正吸引消费者的是包装上能够给消费者形成产品区

分的信息,以产品的核心特点为主要元素,吸引有这方面需求的潜在消费者。比如牙膏的功能,"美白牙齿""去烟渍""清新口腔"等,总有一个特点是消费者所需要的。

消费者体验感

消费者体验是指消费者在使用产品的过程中所带来的感受,这种感受是消费者通过产品的一系列体验,包括产品设计、制作过程、生产过程、营销手段、售后服务以及技术等各个环节。

消费者体验遍布于产品的各个环节,企业要打造一款爆品,使这款爆品能够给消费者留下优质的体验感,那首先就要在爆品的各个环节达到接近完美的水平,在此基础上去挖掘、了解消费者不同的需求,并让他们得到满足。

爆品故事

前文也详细讲了有故事的爆品的重要性,会表达的产品是没有不爆的可能的,爆品故事就是产品最好的表达方式。优质的爆品故事让消费者对产品有更好的认识,加深对产品的印象,从而认同企业的文化和理念,持续性地重视与企业有关的一切产品,提高企业的知名度。

企业在制定爆品战略时,要懂得品牌故事的重要性,将与品牌相关的时代背景、文化内涵、经营理念等进行深度展示。爆品需要树立起自己的品牌,才能增加爆点,品牌故事会提升爆品的媒体价值,打开市场,增强自身的魅力与品位。

本书赞誉

希望杨洋能把她的经验分享给更多企业家，让他们能受到启发。

——中山理科生物科技有限公司总裁 文伟军

打造爆品是每个企业的核心目标，但是打造过程十分艰苦，杨洋这本书就是结合自身经验，从多方面说明打造爆品的方法。将企业的情况与本书相结合，将本书的价值发挥到最大化。

——合信通CEO Royall college爱沐品牌联合发起人 李大大

爆品不是只有巨头企业才配拥有，中小企业也可以。杨洋用自己六年的经历总结成这本《爆品密码》，就是给了中小企业一举成名的希望。

——广州金叶保健品有限公司副总经理 蒋先志

作者杨洋，商战中的佼佼者，虽然年轻靓丽，但目标明确，意志坚定，且勤奋、努力、进取，在商海中积累了丰富的成功经验，其自身经历已使之成为一个爆品大咖。她写的这本《爆品密码》并没有过多难懂的理论，都是自己的心路历程、经验心得，结合一些经典案例，呈现给那些追求梦想的未来大咖。相信各位读完这本书，一定会在打造爆品的路上拥有更多启发、更多捷径，更快更好地实现自己的"爆品"计划。

——百草正元健康科技有限公司董事长 吴新元